I0156193

*Les Alpes
de Savoie*

HENRI FERRAND

(Causeries — la Couverture)

7523

D'Aix-les-Bains
à
la Vanoise

La Savoie Méridionale
Aix et son Lac
Challes, Brides, Pralognan
Les Glaciers de la Vanoise

154 GRAVURES
IMPRIMÉES EN
PHOTOTYPIE

GRENOBLE
Librairie Alexandre GRATIER et Jules REY
Editeurs
1907

D'AIX-LES-BAINS
A LA VANOISE

$L k^2$
5598

HENRI FERRAND

D'AIX-LES-BAINS

A LA

VANOISE

La Savoie Méridionale

GRENOBLE

Librairie A. GRATIER et J. REY, Editeurs

1907

Chemin du Bourget

D'AIX-LES-BAINS A LA VANOISE

LA SAVOIE MÉRIDIONALE

AIX ET SON LAC. . .
CHALLES, SALINS ET
BRIDES — PRALOGNAN
ET LES GLACIERS DE
LA VANOISE . . . . .

PRÉFACE

La Terre Savoyarde. — Les cités lacustres. — Les ancêtres de l'âge du bronze et de l'âge du fer. — Les Romains conquis par leur conquête.

Mollement inclinée au flanc occidental des Alpes, la Terre Savoyarde est l'intermédiaire, le trait d'union entre la Terre Suisse et la Terre Dauphinoise. Elle a la grâce de l'une et le charme austère de l'autre, et c'est chez elle que l'on peut sentir l'exquise transition qui conduit des verdures de la Gruyère aux âpres rochers de l'Oisans.

Cette terre bénie de la villégiature offre à chacun une carrière adaptée à ses goûts. Les mondains trouvent à Aix tous les raffinements de la vie la plus intense, les sportifs font au lac du Bourget de la pêche ou du canot-automobile, les débiles cherchent à Pralognan la santé dans l'air pur, les grimpeurs et les glaciéristes ont aux dentelures de la frontière et aux massifs de la Vanoise un théâtre sans cesse renouvelé pour leurs exploits, le véritable alpiniste y dresse partout l'autel de son culte pour la montagne.

A cet attrait extérieur et actuel la Terre de Savoie en joint un autre non moins captivant pour le penseur et l'historien. Elle fournit de précieux documents à l'étude de la vie de nos lointains ancêtres.

Comment les Alpes se sont-elles peuplées ? L'homme y a-t-il pénétré en remontant les vallées, ou au contraire s'est-il répandu sur les plateaux supérieurs s'avançant suivant la grande loi des migrations, du Nord au Sud et de l'Est à l'Ouest ?

Suivant que l'on adopte l'une ou l'autre de ces opinions, on doit se trouver en présence de populations faibles, traquées et repoussées, ou de peuplades vigoureuses, exubérantes, dont la vie au grand air de l'alpe avait augmenté les forces et consolidé les os.

Les vestiges que l'on découvre sur cette Terre de Savoie aux climats si variés et aux altitudes si diverses semblent indiquer qu'elle a dû sa population primitive à ces deux éléments, et que l'expansion du courant alpin y est venu rencontrer la retraite du courant fluvial. Ces deux causes du moins ont contribué à son habitat, peut-être à des époques fort différentes, car la chronologie relative des diverses stations est presque illusoire à établir.

Sur les bords du lac du Bourget on retrouve en plusieurs endroits les débris, les ruines peut-on dire, de groupements d'habitations lacustres. Les hommes qui étaient venus établir leurs foyers dans ces cités

VILLAGE LACUSTRE
Tableau de Jamin

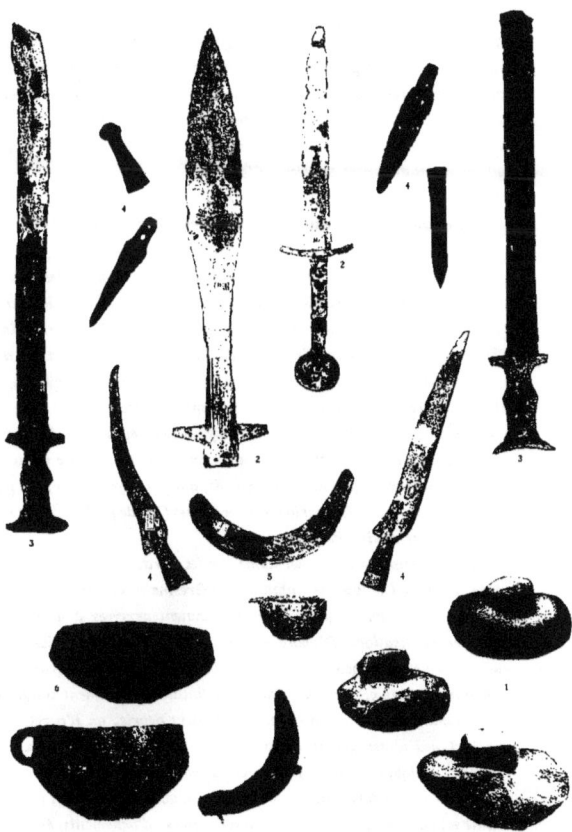

1. *Moulins lacustres.* — 2. *Armes lacustres.* — 3. *Épées lacustres.* — 4. *Instruments lacustres.* — 5. *Faucilles lacustres.* — 6. *Poteries lacustres.* (Lac du Bourget. — Musée de Chambéry).

aquatiques étaient évidemment des gens paisibles et craintifs. Ils demandaient au rempart des eaux leur sécurité, et ils ne craignaient pas d'acheter cet avantage par le labeur intense que devait, à cette époque peu avancée dans les arts mécaniques, demander l'établissement des pilotis sur lesquels étaient juchées leurs demeures. Ces cités étaient établies à des distances variées de la rive, mais généralement le plus loin possible de la terre que le permettait la disposition des lieux.

« Les constructions sur pilotis s'élevaient dans les lieux abrités des « grands vents ou dans les baies, là surtout où des haut-fonds permet- « taient de planter à une moindre profondeur les piquets destinés à « supporter les cabanes. Ces pieux sont groupés d'une manière très « irrégulière, et présentent le plus souvent une disposition circulaire. « Sur ces pieux, dépassant le niveau des hautes eaux, étaient fixées des « traverses supportant un plancher irrégulier, recouvert d'un béton en « terre battue, mêlée de cailloux et fortement tassée. Les cabanes, de « forme circulaires, étaient faites de clayonnages et de branches, pro- « bablement revêtus à l'intérieur d'un torchis en terre glaise battu... « La petitesse des fragments de ces parois, que l'on a pu retirer, n'a pas « permis d'évaluer la dimension de ces cabanes (Etude préhistorique sur la Savoie, par André Perrin).

Les principales agglomérations sur les bords du lac du Bourget furent celles de Conjux, de Chatillon, de Grésine et du Saut.

Les populations qui les habitaient étaient arrivées à un certain degré de civilisation. D'abord le fait même de l'agglomération indi- quait déjà l'état de société; ensuite ils connaissaient et employaient de nombreux métaux, et il est résulté des fouilles savamment conduites qu'ils savaient fondre le bronze. Dans leurs débris, on n'a retrouvé que fort peu d'instruments en silex et de haches de pierre; mais en revanche quelques armes de bronze, épées, poignards, pointes de lances, de javelots et de flèches, des couteaux, des faucilles, poinçons, rasoirs, aiguilles, hameçons, etc. On voit aussi des pièces d'ornements, épingles,

Musée de Chambéry

bracelets, agrafes, chaînes, colliers, pendants d'oreilles, etc. Ils savaient obtenir des poteries assez fines, et de grandeurs très variées, dont quelques-unes représentent des statuettes ou des jouets d'enfants.

Les musées de Chambéry et d'Aix-les-Bains renferment de très riches et importantes collections de ces palafittes du Bourget, où l'on peut lire ainsi d'une façon éloquente l'histoire de ces peuplades qui n'ont pas laissé de chroniques.

Les profondeurs des lacs ont mieux conservé que la surface du sol les souvenirs qui leur ont été confiés. Aussi pendant longtemps a-t-on manqué de données sur les peuples des hauts plateaux. Ce sont leurs sépultures, par hasard éventrées, qui nous ont livré quelques-uns de leurs secrets. La plus importante a été trouvée sur le territoire de la commune de Saint-Jean de Belleville, en Tarentaise, et a fait l'objet *d'un remarquable travail de M. le comte Costa de Beauregard. Il en résulte que ces populations pastorales étaient de haute taille, avaient les membres robustes, et connaissaient l'usage du fer. C'est à elles sans doute qu'il faut attribuer les monuments mégalithiques que l'on retrouve encore en divers points de la Tarentaise, et notamment près de Moutiers, aux Allues, et dans cette vallée de Belleville qui semble avoir été leur principale résidence.*

Ils furent, au dire de M. Perrin, la souche de ces fiers et remuants Allobroges qui repoussèrent si longtemps la conquête des Romains.

Mais aucune puissance n'était alors capable de résister à l'invasion latine, et malgré leur vaillance et leur vigueur, les descendants des pasteurs de l'alpe durent se plier sous le joug des légions. On sait qu'une des premières voies romaines établies à travers les Alpes descendit du Petit Saint-Bernard (In alpe Graià) et vint parcourir la Tarentaise en y semant les stations de Bergintrum (Bourg St-Maurice), Darentasia (Centron), Obilinnum (La Bathie) etc. La terre de Savoie exerça son attraction sur les vainqueurs, et une colonisation importante vint donner à ces vallées alpines une prospérité jusqu'alors inconnue. En échange de la liberté, les Romains donnèrent aux peuples alpins la tranquilité, la sécurité (pax romana) et l'abondance. C'est alors que se développa la ville d'Aime (Axima) où l'on retrouve tant de vestiges de la civilisation romaine, et où une vieille église désaffectée se dresse encore sur les fondations d'une basilique latine. Là florissaient les arts à l'ombre des faisceaux : la puissance militaire s'était surtout fortement assise à l'issue des vallées, et deux camps retranchés, magasins de subsistances, s'étaient élevés à peu de distance l'un de l'autre : Granarium, qui devint Granier, détruit en 1248 dans l'effondrement de l'Apremont avec sa voisine la ville de St-André, — et Viviarium qui est devenu Viviers.

Jarres en terre cuite

Entre eux était Lemincum, *la colline de Lémenc, une des stations, une des bifurcations de la grande voie de Milan à Vienne et tout auprès la jeunesse et l'aristocratie fréquentaient déjà les thermes d'Aquæ* Gratianæ. *Et c'est ainsi que les séductions de son sol, de son climat, de ses productions, font apparaître dans l'histoire la Terre de Savoie, objet de prédilection de ses enfants et de ses visiteurs.*

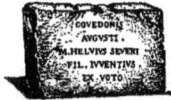

COVEDONIS
AVGVSTI .
M. HELVIVS SEVERI
FIL. IVVENTIVS
EX VOTO

IMH . E IVLLIAE
VEIOMINVS
OPANI
CONIVGI KARISS .

D .
D. TITI HILARI .
TITIAE APATAE .
CONIVGI .
PIISSIMO .
ET FILI ET
D. TITIVS HERMES .
FRATER

Inscriptions romaines   *trouvées à Aix*

BASILIQUE D'AIME

TÊTE DU LAC DU BOURGET

I

Le lac du Bourget.

C'est du sommet du Grand Som que j'aperçus pour la première fois la nappe étincelante du lac du Bourget. Mais on en est un peu loin ; du Granier la vue est trop plongeante, et le meilleur belvéder est le Mont de Joigny. De cette éminence, qui domine de 1300 m. environ le niveau de ses eaux, l'œil embrasse le lac dans toute son étendue, il en saisit les harmonieuses proportions et en apprécie le cadre vigoureux.

Au delà de la plaine de la Leisse, au milieu des plantureux coteaux de la campagne d'Aix, on voit miroiter la surface du lac qui s'allonge, paisible et glauque, entre la montagne de l'Epine et les rochers de la Chambotte jusqu'aux cimes vaporeuses du Jura. Suivant l'heure du jour, suivant l'état du ciel, son aspect est changeant mais le plus souvent il forme deux zones de couleurs tranchées, sombre et noirâtre à l'Ouest, brillant et limpide au pied des coteaux de Tresserve. Plus rapprochées sont les pentes abruptes dont la Dent du Chat plonge dans ses profondeurs ; plus élevées les crêtes du Nivolet et du Revard qui s'abaissent jusqu'à lui par des ondulations gracieuses, et ainsi s'établit un équilibre qui charme le regard. C'est au cadre approprié qui l'entoure, plutôt qu'à sa forme un peu trop allongée que le lac du Bourget doit sa réelle beauté.

> O lac ! rochers muets ! grottes ! forêt obscure !
> Vous que le temps épargne et qu'il peut rajeunir...

disait le doux chantre d'Elvire. Ne dépoétisons pas par de vulgaires mesures la charmante impression qu'on ressent à sa vue, et approchons-nous un peu plus pour jouir, après l'ensemble, des détails de son paysage.

Sur sa rive gauche les derniers contreforts du massif de la Chartreuse se profilent par la longue arête du Signal du Mont-Grelle (1426 m.), du Mont-du-Chat (1460 m.) et de la montagne de la Charvaz. Leur aspect est tout d'abord austère, leurs flancs très inclinés étant recouverts de bois qui leur donnent une teinte uniforme. Mais si bien leur base en plusieurs points s'enfonce brusquement sous les eaux de manière à ne pas même laisser un atterrissage, en d'autres au contraire elle a ménagé une terrasse, un ressaut dont l'homme s'est emparé pour y construire une merveille ; c'est là que nous allons rencontrer quelques-uns des monuments les plus intéressants de la région.

Le lac du Bourget présente ce singulier caractère de n'être pas formé par un seul et puissant cours d'eau qui en ait modelé la cuvette. Il s'alimente d'une assez grande quantité de torrents et de ruisseaux, dont nous signalerons tout d'abord la Leisse, grossie de l'Albane et de l'Hière, qui arrive en tête du lac après avoir arrosé Chambéry. Le dénivellement est presque insensible, et la nappe d'eau vive succède à de vastes marais. Tout auprès de ces marais, à la première ondulation occidentale se sont groupées les maisons du Bourget.

Cette bourgade, riante et proprette, qui a donné son nom au lac, est d'origine fort ancienne et mérite l'attention de l'archéologue autant qu'elle fait la joie du touriste et du canotier. Port de Chambéry, auquel elle est reliée par une excellente route droite de 10 kilomètres, lieu d'excursion pour les oisifs et les baigneurs d'Aix qui s'y arrêtent avant de monter au Col du Mont du Chat, elle présente pendant la belle saison une animation extraordinaire, et ses nombreux restaurants

*Abside de
l'Eglise du Bourget*

en tonnelles jouissent d'une réputation méritée. Naguère on y voyait les ruines d'un château fort. L'église et le cloître du prieuré y attenant méritent seuls maintenant l'attention des visiteurs. D'un

Cloître de l'Eglise du Bourget

aspect·moderne et un peu banal, l'église est généralement délaissée : mais si l'on pénètre par sa récente porte, on se trouve à l'intérieur en face d'un édifice ancien dont plusieurs parties sont précieuses. Il faut surtout aller voir derrière l'autel, dans une situation malaisée et fort obscure, une série de hauts reliefs en pierre remontant à la première moitié du XIIIme siècle et reproduisant avec l'art charmant de cette époque les principaux faits de la vie du Christ.

Derrière le chevet de l'église, on trouve dans une propriété privée, gracieusement ouverte aux étrangers, les galeries du rez-de-chaussée et du premier étage du cloître de l'ancien prieuré de Cluny qui y fut fondé vers le XIme et restauré au XVme siècle.

Du Bourget, une délicieuse promenade de trois kilomètres, avec une vue continue et ravissante sur le lac, conduit au Nord au célèbre château de Bourdeau.

Sur un mamelon qui domine le lac, cette ancienne demeure seigneuriale a dressé sa hautaine muraille couronnée de. créneaux. Quelques masures de vassaux étaient venues à l'abri de ses tours se grouper dans l'étroite dépression qui relie ce nid d'aigle à la montagne; le village qui en est résulté, ombragé de beaux arbres, offre un agréable but de promenade, et une route à pente rapide en dégringole en lacets jusqu'à un petit port où certains des bateaux d'excursions font escale. Propriété privée, le château très remanié et dont quelques parties seulement ont conservé le cachet primitif n'est pas toujours visitable, mais de sa terrasse on jouit d'un coup d'œil merveilleux sur le lac et sur la riante colline de Tresserve dominée par les rochers du Grand-Revard.

Au Nord du château de Bourdeau, la rive escarpée du lac ne permet plus l'accès et la route est obligée de gravir la montagne pour gagner le col du Mont du Chat et l'hôtel-pension dont nous reparlerons bientôt. Une voie carrossable est projetée au travers de ces pentes, mais en l'attendant c'est en bateau, par la voie du lac, qu'il faut gagner l'abbaye d'Hautecombe.

Par son site, par ses souvenirs, par les chefs-d'œuvre qu'elle renferme, Hautecombe est le bijou artistique de la région.

Sur un promontoire qui s'avance dans le lac, dans un lieu reculé dont l'accès par terre était long et difficile, Amédée III de Savoie fonda en 1125 le monastère primitif. Bientôt transformée en abbaye, protégée par la faveur constante des ducs de Savoie, Hautecombe parvint au XIIIᵐᵉ siècle à l'apogée de sa grandeur. Ce fut en 1340 que le comte Aimon y éleva une chapelle consacrée spécialement à la sépulture de sa famille, et pendant plusieurs siècles les princes de la maison de Savoie y furent ensevelis. La conquête de la Savoie par les armées de la République fut fatale à Hautecombe. L'abbaye et ses dépendances furent vendues comme biens nationaux, et l'acquéreur essaya d'y installer une fabrique de faïence. L'insuccès de l'entreprise amena la ruine et l'abandon des édifices, qui s'écroulèrent en partie.

Le pieux souvenir des dépouilles de ses ancêtres ramena sur ce coin de terre l'attention du roi Charles Félix. En 1824, il racheta les anciens domaines de l'abbaye et ordonna la réédification de la basilique qui fut inaugurée en 1826. A sa mort en 1831, il y fut inhumé, et sa veuve, la reine Marie Christine acheva dignement l'œuvre de

HAUTS RELIEFS
DE l'EGLISE DU BOURGET

ABBAYE D'HAUTECOMBE

CHATEAU DE BOURDEAU

restauration commencée. Lors de la cession de la Savoie à la France en 1860, un protocole spécial vint régir les destinées de la sépulture des anciens ducs et la protéger contre toute modification ultérieure. Aujourd'hui Hautecombe est toujours desservie par les religieux qui en ont la garde, et si bien les appartements royaux, au modeste mobilier et à la vue splendide, ne reçoivent plus la visite de leurs hôtes, le souvenir des morts augustes dont elle abrite les ossements fait à l'abbaye une mystérieuse et touchante auréole.

Trois à quatre fois par jour dans la belle saison les grands bateaux à vapeur qui assument le soin de promener sur le lac du Bourget les baigneurs d'Aix-les-Bains déversent sur la jetée du petit port leur foule cosmopolite. Les caravanes viennent admirer la façade gothique dessinée par le chevalier Melano, et au-devant de laquelle des petites boutiques vendent des souvenirs, puis s'engouffrent sous la conduite d'un religieux dans les profondeurs de la chapelle. La décoration intérieure est abondante et de bon goût, et toutes les parties en seraient dignes d'un scrupuleux examen. Mais la visite rapide qui doit s'accomplir avant le départ du bateau ne retient guère l'attention que sur les statues des tombeaux.

Il faut mentionner notamment une magnifique *Pietà*, de Benoit Cacciatore, et le beau groupe en marbre de Carrare, par Albertoni, représentant la *Reine Marie Christine protégeant les arts*. D'innombrables statues, les pleureuses du cénotaphe de Louis II, de remarquables vitraux, des fresques des frères Vacca, font de cette basilique un musée artistique de haute valeur, que la grande majorité des visiteurs ne fait qu'entrevoir et qui mériterait une description minutieuse. Au sortir de la chapelle, on donne généralement un coup d'œil aux appartements royaux aménagés dans l'abbaye, et sur demande expresse on peut être autorisé à gravir la plateforme de la Tour du Phare, d'où l'on découvre sur le lac et ses abords un panorama enchanteur.

Au Nord d'Hautecombe, la rive est moins abrupte, et une route, sillonnée maintenant par les automobiles, fournit jusqu'à Conjux une délicieuse promenade. A son début, elle passe auprès d'une curiosité naturelle, la Fontaine Intermittente ou Fontaine des Mer-

*Le Monastère
'e Hautecombe
d'après une
ieille gravure
(1680)*

veilles, sorte d'orifice de siphon sous-rocheux qui fournit à peu près toutes les dix minutes une véritable éruption d'eau fraîche et bouillonnante. Ombragé par des châtaigniers séculaires le bassin de la source, presque en balcon sur le lac, offre un coup d'œil des plus pittoresques.

Les Monts de la Charvaz vont en s'abaissant et ils expirent près de Conjux dans la plantureuse Chautagne.

Rien de gracieux, de verdoyant et de frais à la fois comme les abords du lac à son extrémité septentrionale, et l'on comprend bien que dans cette nature reposante, giboyeuse et fertile, les cités lacustres aient trouvé une assiette propice. Les fouilles faites à Conjux ont donné des résultats importants, et aux basses eaux on distingue encore à peu de distance du rivage un nombre assez considérable de pilotis. L'ancienne station lacustre est devenue un village de pêcheurs près duquel se creuse le canal de Savières, émissaire régularisé du lac, qui le met en communication avec le Rhône et permet le passage des bateaux à vapeur.

Autrefois, les eaux devaient sans doute dans leurs irréguliers caprices couvrir toute la vaste plaine qui s'étend entre les Monts de la Charvaz, le

*Descente de Croix
(Pietà, de Cacciatore)*

Canal de Savières

Colombier senti-
nelle avancée du Jura et les
montagnes de Cessens. Aujourd'hui des digues les contiennent et
leur ancien domaine, transformé en marais, s'assèche et se colmate
peu à peu. Dans cette dépression jaillit un monticule boisé qui porte
le château de Chatillon. A l'extrémité septentrionale du lac, Chatillon faisait le pendant du donjon du Bourget. Là aussi un reste de
château fort, où naquit le pape Célestin IV, couronne un promontoire
escarpé, et fournit sur tout le lac un admirable belvéder. L'anse
orientale a donné de précieux spécimens de palafittes, et M. Corcelle
nous apprend que l'on en a retiré des pote-
ries en terre noire et fine, ornées de
dessins faits avec des bandes
d'étain, des instruments et
des objets de parure en
bronze. Le lac qui était
naguère la voie de com-
munication la plus
usitée entre les diver-
ses agglomérations
de ses rives, est
encore sillonné par
une navigation

*Château de
Chatillon*

intense. Plaisirs, sports et pêche continuent à lui infliger une constante fréquentation des hommes. Ce sont d'abord les grands bateaux
d'excursions, exploités par deux sociétés concurrentes, qui le traver-
sent plusieurs fois par jour, d'Aix au Bourget, d'Aix à Bourdeau et
surtout d'Aix à Hautecombe. Nul ne passe à Aix sans faire au moins
une fois la promenade du lac. Puis ce sont les petits canots de
promenade et de plaisance dont les mariniers pulullent au Grand
Port, au Petit Port, au Bourget, etc. Lorsqu'une douce brise, assez
fréquente à la tombée du jour, vient caresser la surface des eaux, ils
dressent une voile blanche triangulaire qui de loin ressemble à une
aile de mouette. Enfin depuis peu de temps les progrès des petits
moteurs les ont fait appliquer à la course aquatique, et une flotille
d'auto-canots fait du lac du Bourget le champ d'expériences des
sportsmen hydrophiles de la région. C'est une attraction de plus
pour la belle station thermale qui, avec ses courses hippiques de
Marlioz, fait alterner les courses nautiques du Bourget.

Tout est plaisir et joie par le beau temps et le ciel pur. Mais il
faut prendre garde aux caprices des vents. Des orages terribles se
déchaînent parfois sur le Bourget ; sa forme allongée, ses rives
abruptes, sa grande profondeur — M. Delebecque y a relevé jusqu'à
145 mètres de sonde — y soulèvent des vagues furieuses pour
lesquelles les plus solides embarcations ne sont que d'infimes jouets,
et trop souvent des deuils cruels sont venus l'attrister.

La courageuse population de ses rives se livre avec activité à la
pêche qui y est très fructueuse. Elle se fait au moyen de barques à
fond plat, plus lourdes et plus larges que les canots de promenade.
On y trouve, d'après M. Corcelle, jusqu'à vingt-sept espèces de pois-
sons dont les plus abondantes sont : la perche, le chabot, le barbeau,
la chevenne, le goujon, la tanche, etc., et les plus appréciées, la
truite, l'ombre-chevalier, et le lavaret. L'eau du lac, faiblement
renouvelée par des affluents de peu d'importance relativement à sa
masse, ses rives en plusieurs points marécageuses, se prêtent aisément au fret, et l'activité intensive de la pêche qui dessert tous les
marchés des environs ne semble pas avoir d'effet dévastateur sur sa
grouillante population.

FAÇADE DE L'ABBAYE
D'HAUTECOMBE

LAC DU BOURGET

II

Aix-les-Bains.

Aquæ Gratianæ. — Aix sous les Ducs de Savoie et sous les Rois Sardes. — Ses eaux. — Ses distractions. — Le Grand Cercle et la Villa des Fleurs. — Les Grands Hôtels. — La vie à Aix-les-Bains.

Aucun document historique ne permet d'affirmer qu'Aix ait été fondé par les Romains. Il est au contraire bien probable que les eaux, chaudes et abondantes, fluant à la surface du sol, étaient déjà connues et pratiquées par les autochtones, et que les vainqueurs en s'y baignant ne firent que suivre l'exemple des vaincus. Le nom sous lequel cette station fut d'abord désignée, *Aquæ Allobrogum,* serait un argument en faveur de cette thèse.

Avec la pénétration plus complète de la civilisation latine, la ville se développa. Fut-elle une *villa* ou une *civitas* ? Peu importe. Ses eaux lui valurent la faveur d'un peuple dans la vie duquel la fréquentation des bains tenait une si grande place, et vers la fin du IVme siècle, dans l'élan d'enthousiasme que suscita la présence de l'empereur Gratien dans la province Viennoise, nous la voyons nommer *Aquæ Gratianæ.* Son importance d'alors est attestée par de très nombreux vestiges de monuments romains, dont le plus connu, visible aux yeux de tous, est l'Arc de Campanus. Malgré son allure triomphale, l'Arc Romain n'était autre qu'une construction funéraire, une sorte de tombeau, ainsi que l'atteste l'inscription encore lisible :

Pompeius Campanus Vivus Fecit.

De nombreux fragments d'inscriptions et de mosaïques, des marbres, des restes de statues, les substructions du temple de Diane (dans lesquelles est installé le Musée) et surtout l'espace occupé par le développement des bains antiques font comprendre la prospérité qu'atteignirent à cette époque les thermes d'Aquæ Gratianæ.

Sur cette civili-
sation opulente, raf-
finée et joyeuse, s'a-
battirent comme une
tempête dévastatrice
les coups répétés de
l'invasion barbare.
Les Thermes s'effon-
drèrent et les eaux
mêmes paraissent
avoir été oubliées. Le
voile le plus épais
s'étend sur les desti-
nées d'Aix à l'époque
burgonde comme à
l'époque carolingien-
ne, ses archives du
reste ont disparu
dans l'immense in-
cendie qui détruisit
la ville en 1739, et
nous savons seule-

L'Arc de Campan.

ment que dans l'organisation féodale elle fit de bonne heure partie
du Comté, puis du Duché de Savoie. Elle était une des résidences
ducales. Vers la fin du XVme siècle, on recommença à s'occuper des
eaux, un établissement de bains y fut organisé ; Aymar du Rivail
qui écrivait vers 1535 le décrit avec éloges, et pendant une des occu-
pations qu'amenèrent à plusieurs reprises les guerres incessantes de
l'époque, le roi de France Henri IV s'y baigna avec toute sa cour,
d'où vint le nom de Bain Royal. Le *Theatrum Sabaudiæ* (1680) qui
mentionne ce nom, nous apprend que les bains avaient été récemment restaurés, et que la ville, entourée de murs garnis de tours
carrées, était une petite place forte, renommée par ses eaux dans

*Restitution
d'après
le Theatrum
Sabaudiæ
(1680)*

toute la France, la Suisse et l'Italie. Il vante déjà le riant aspect et le doux climat de la campagne d'Aix où les habitants, dit-il, jouissent d'une longévité remarquable.

Le suzerain avait érigé le fief d'Aix en marquisat, et les marquis d'Aix se firent construire tout près des ruines romaines et touchant l'ancien temple de Diane un château qui est devenu l'Hôtel de Ville et où l'on admire encore un superbe escalier.

Leurs écuries étaient adossées à l'Arc de Campanus et c'est peut-être ce qui en a assuré la conservation.

Les Rois de Sardaigne déployèrent pour la ville thermale une sollicitude peut-être encore plus grande que celle dont l'avaient entourée leurs ancêtres les Ducs de Savoie. En 1776, Victor-Amédée III y fit faire de grands travaux qui comprirent notamment une réédification intégrale de l'établissement de bains, construit sur les plans du comte de Robilant, et achevé en 1783. L'élan fut alors donné à la prospérité de la ville qui vit s'accroître dans une large mesure le nombre de ses visiteurs, et dut bientôt jeter bas sa ceinture de murailles pour leur bâtir de suffisants asiles. Cette prospérité ne s'est

3

pas démentie, et n'a fait depuis lors que s'étendre chaque année. Aix-les-bains dont la réputation est mondiale, s'est développée dans tous les sens, et la magnifique ceinture de belles villas qui l'entoure escalade les collines environnantes et s'avance presque jusqu'au lac.

Les eaux, qui ont fait et continuent à faire la fortune d'Aix, sont de deux sortes : l'une, dite Eau d'Alun ou Source de Saint-Paul, qui jaillit à la température de 46°5, est surtout employée pour les douches ; l'autre, dite l'Eau de Soufre, à la température de 45° est usitée en bains, en boissons et en inhalations. Elles sont surtout renommées pour les affections goutteuses et rhumatismales. Le principal traitement, assez original est la douche-massage. « Quand il « a été soumis aux opérations prescrites par son médecin, le malade, « dont le corps ruisselle, est essuyé avec un linge bien chaud et enve- « loppé d'un grand peignoir de flanelle que recouvre une couverture « de laine. On lui passe des serviettes autour de la tête et des pieds, « puis on le dépose dans une chaise à porteurs qui sert à le recon- « duire jusqu'à son lit, où il continue de transpirer. (Dʳ Despine). »

Ce transport des baigneurs est incessant le matin aux alentours de l'établissement et les chaises à porteurs se succèdent sans relâche. Il faut voir dans Bertall, *(la Vie hors de chez soi)* la délicieuse scène qu'il a inspirée au spirituel dessinateur. Un élégant, la bouche en cœur, s'approche de l'une de ces chaises impénétrables, et commence : Adorable colis... Que monsieur se méfie, interrompt l'un des porteurs : c'est pas madame, c'est monsieur.

Mais la saison, qui dans cet heureux climat à 260 mètres d'altitude moyenne se prolonge d'Avril à Octobre n'amène pas à Aix que des malades, et le nombre de ses visiteurs qui dépasse annuellement le chiffre de 35000 se compose surtout de riches oisifs qui viennent y faire une opulente villégiature aux distractions variées. Les célébrités de toutes nations et de toute espèce s'y coudoient ; naguère la reine Victoria, aujourd'hui la reine Maria-Pia de Portugal et le roi Georges de Grèce, sont parmi les fervents d'Aix-les-bains ; les plus grands noms de l'armorial européen se retrouvent sur le livre des

VILLA DES FLEURS

JARDIN DU CASINO

LA PLACE CENTRALE

ETABLISSEMENT THERMAL

voyageurs, avec ceux des artistes les plus renommés. Les hommes
politiques aussi y abondent, et les plus farouches révolutionnaires
ne craignent pas de venir s'y frotter à l'existence ploutocratique.
A certains moments de l'année, la foule devient cohue et il n'est pas
étonnant qu'il s'y glisse quelques brebis galeuses. La célèbre affaire
des « mœurs existantes » qui fit tant de bruit à la Chambre en 1904,
et le crime de Giriat la Nubienne, prirent naissance à Aix-les-bains.

Les progrès d'Aix comme agréments de séjour et par suite
comme nombre de visiteurs, furent surtout marqués vers la fin du
XIXᵉ siècle, et l'établissement du chemin de fer Victor-Emmanuel
fut le point de départ de son admirable vogue.

Les travaux d'embellissement comprirent d'abord le dégage-
ment de l'établissement thermal, celui de l'Arc de Campanus et celui
du château. Jusqu'en 1849, le lieu de réunion des étrangers, le
Casino, était organisé dans les salles basses du château. Une société
locale qui s'était fondée dès 1824 avec le titre de Cercle d'Aix-les-
bains, fit alors construire le magnifique édifice connu sous le nom
de Casino ou Grand Cercle, et les admirables installations qu'y trouvaient les baigneurs accrurent bien vite le nombre des simples touristes. Cet édifice a été en 1882 remanié et reconstruit avec un luxe
jusqu'alors inouï, et l'on y remarque notamment aujourd'hui le
grand hall au plafond de mosaïque par Salviati, une superbe salle
de spectacle, et la grande galerie vitrée qui, donnant sur les jardins,
offre une perspective charmante sur la colline de Tresserve et la Dent
du Chat.

Dans de vastes terrains qui s'étendaient à côté du jardin du
Grand Cercle, une société concurrente a édifié en 1880 la Villa des
Fleurs, autre lieu de réunion où dans un décor non moins féérique
les visiteurs trouvent les mêmes éléments de distraction qu'au Grand
Cercle, des salles de lecture, de conversation et de café, un ravissant
théâtre, voire même des salles de jeux. A la grande joie de leurs
visiteurs, les deux établissements rivalisent d'attractions et de pro-
digalités, il n'est pas d'entreprises décoratives ou festivales que ne

subventionnent largement le Casino et la Villa des fleurs. Dans leurs théâtres ils appellent les artistes les plus en renom, les meilleurs chanteurs, les plus délicats musiciens, les pièces nouvelles s'y déroulent ou s'y crèent comme à Paris, les concerts symphoniques les plus savants y charment les dilettante, et la jeunesse et l'élégance y font assaut dans des bals de toute richesse. Pendant les douces soirées d'été, l'air s'embrase de feux d'artifice, d'illuminations *a giorno* dans les deux parcs, et les orchestres s'y renvoient le son des mélodies en vogue.

La municipalité de son côté a continué ses travaux par l'aménagement en parc anglais de l'ancien jardin des marquis d'Aix, l'organisation de la promenade plantée du Gigot qui pendant trois kilomètres relie la ville d'Aix au lac du Bourget sur le Grand Port, et le tracé de larges et spacieux boulevards, celui du Petit-Port, celui des Côtes, celui de la Roche du Roi, etc. Une assez belle église, dans le style romano-byzantin, construite sur les plans de l'architecte Bertin, vient de s'élever au bas du boulevard des Côtes, et un musée intéressant, dont l'initiative est due au comte Lepic qui lui a donné son nom, s'est installé dans le temple de Diane et les dépendances du château, devenu l'Hôtel-de-Ville.

Quant à l'établissement thermal de Victor Amédée, ses splendeurs de 1684 n'étaient plus à la hauteur des progrès réalisés. Après l'annexion de la Savoie en 1860,

Sortie de messe
à Aix-les-Bains

Gare
d'Aix-les-Bains

il fut déclaré établissement de l'état et complètement reconstruit. De très importants travaux de captage, dirigés par M. l'ingénieur en chef des mines Bochet, et au cours desquels on retrouva une grande partie de la canalisation romaine, vinrent augmenter et assurer l'abondant débit des sources, l'installation intérieure de l'établissement fut organisée d'après les derniers progrès de la science, et la façade monumentale sur les plans de l'architecte Pellegrini vint lui donner un aspect imposant.

L'initiative privée ne restait pas en arrière pour compléter le charme de cette station. De belles maisons, d'élégantes villas ont presque partout remplacé les anciennes constructions trop communes, mais ce sont surtout les hôtels qui ont rivalisé d'ampleur et d'élégance. Certains sont de véritables palais comme le Splendide Hôtel, l'Hôtel Regina, le grand Hôtel d'Albion, mais le taux n'en est pas accessible aux simples mortels, et ce sont séjours de milliar-

Station des voitures

daires, ou parfois de rastaquouères. D'autres à l'élégance de la façade, au confort de l'installation joignent l'excellence de la table, et au sortir de la gare les yeux sont frappés par l'architecture harmonique du Palace-Hôtel et de l'Hôtel du Pavillon, à la portée de toutes les bourses. Quant aux véritables malades, le service spécial des chaises à porteurs les oblige à se loger à proximité de l'établissement thermal, où ils trouvent des hôtels familiaux fort convenables et des appartements meublés.

Une seule chose détonne parmi les splendeurs d'Aix-les-bains, c'est l'aspect pauvre et misérable de la gare du chemin de fer Paris-Lyon-Méditerrannée, qui n'a fait aucun progrès depuis cinquante ans. Aux étrangers qui viennent de traverser les gares monumentales de Suisse ou d'Italie, cette réunion de pauvres hangars inspire souvent des réflexions fâcheuses pour notre amour-propre national.

On peut donc dire que depuis quelques années surtout, en dehors de ces eaux qui ont été son origine, il s'est créé et développé un Aix mondain et raffiné qui est comme la succursale d'été du Paris-boulevardier. Les meilleurs faiseurs de la capitale y ont des maisons ou des représentants, Liberty y voisine avec Siraudin et Virot ; les grands joailliers, les précieux antiquaires et les Mont-de-Piété, y ont supplanté les anciens et modestes commerçants du pays. La mode qui y règne en autocrate infaillible y a fait organiser de vastes garages d'automobiles ; il y a même un parc à autruches sur la promenade du Gigot.

Et les projets, les projets opulents et grandioses, pour l'embellissement de cette terre privilégiée, se succèdent toujours ! A Lamartine, le doux poète qui a chanté le Lac, on va ériger une statue sur un rond-point à mi-chemin entre le Grand Port et le Petit Port. La façade du Grand Cercle sur la rue du Casino va, sur les plans de l'architecte Eustache, prendre un aspect monumental en harmonie avec le reste de l'édifice. Il est même question d'une transformation du plateau du Revard où s'élèveraient à proximité des sapinières de magnifiques hôtels avec salles de fêtes et de théâtre.

HOTEL DU PAVILLON

HOTEL DE VILLE

Naturellement l'âme, l'auteur et le but de tout cet intense effort, c'est la femme, la femme délicate et raffinée de notre époque : Aix est le paradis des femmes. Qu'elles se promènent onduleuses dans les sompteux jardins, qu'elles se fassent bercer dans leurs huit- ressorts ou teuf, qu'à la restaurants de gnotent quel- ou qu'elles dans les sa- Cercle, elles les reines de la l'actualité. mes ou demi- Françaises ou blondes ou leurs teuf- terrasse des choix elles gri- que friandise, valsent le soir lons du Grand sont là, toutes beauté ou de Grandes da- mondaines, étrangères, brunes, blon-

Voitures fleuries

des surtout de fait ou de droit, elles emplissent la petite ville de leur babil et de leurs parfums. C'est surtout aux fêtes périodiques que donnent à tour de rôle la Ville, le Cercle ou la Villa qu'il faut les voir, bouquets de fleurs capiteuses, s'entassant dans les tribunes du champ de course, agitant leurs bras haut-gantés aux batailles de fleurs, ou suivant lorgnette en main les courses nautiques, toujours et partout fournissant le plus gracieux prétexte à la prodigalité masculine, à cette joyeuse sarabande des louis d'or et des billets bleus.

C'est grâce à elles que pendant trois mois de l'année la jolie petite ville savoyarde devient le théâtre de la Grande Vie.

Environs d'Aix.

Entre la vallée principale où miroite le lac du Bourget, et la plaine ondulée qui se relève jusqu'à Aix, court une rangée de collines aux pentes douces, une sorte de bourrelet fleuri et boisé : c'est la colline de Tresserve, prolongement de celles de Voglans et de Lémenc. A l'Ouest elle plonge dans le lac, ne laissant à sa base que la place d'une route ombragée qui fournit aux cyclistes d'Aix la plus belle piste des environs. A l'Est, elle est chargée de villas et de jardins. Là sont les principaux horticulteurs qui fournissent quotidiennement à la luxueuse consommation des baigneuses : Amédée Achard y emplaçait sa légendaire Maison du Diable ; là sont aussi de coquettes demeures qui abritèrent tour à tour l'aristocratie et la galanterie, le pavillon de Solms, la villa Rattazzi, celle qu'habitait la malheureuse Fougères, etc. Au sommet de la colline, dans le château des Tours, un observatoire fournit à 360 mètres d'altitude un belvédér sur le bassin d'Aix et les cimes qui l'entourent. Des allées ombreuses, aux pentes doucement ménagées, s'y entrecroisent et forment pour les voitures une délicieuse promenade. La partie qui incline au Nord a reçu le nom de Bois Lamartine.

A l'opposé de la colline de Tresserve, au pied des escarpements de la Roche du Roi, contrefort du Grand Revard, s'étend comme un faubourg d'Aix le délicieux parc de Marlioz. Là jaillissent des sources d'eau sulfureuse froide, alcaline et iodurée, dont l'emploi forme un heureux complément à celles d'Aix. Elles ne furent utilisées qu'à partir de 1850, et ce fut en 1861 que le propriétaire dans le domaine

duquel elles étaient captées fit élever par l'ingénieur François et l'architecte Pellegrini le bijou d'établissement qui subsiste encore. On y
distingue la source d'Esculape, la source Adélaïde et la source Bon-
jean. Mais le plus grand charme de Marlioz est son admirable parc,
les grand arbres qui au plus fort de l'été y ménagent une fraîcheur
délicieuse, et surtout la paix profonde qui y règne. Bien qu'à deux kilomètres seulement de la   fournaise d'Aix, à laquelle il est

Marlioz

relié par un tramway électrique, c'est le
séjour le plus reposant qu'on puisse rêver, et
la vraie cure des maladies de l'âme.

En face du parc, entre la route qui le longe et le chemin de fer
qui serre au plus près la colline de Tresserve s'étend la vaste prairie
qui sert aux concours hippiques et aux grandes fêtes d'Aix, En certaines occasions, lors de la semaine des courses ou des batailles de
fleurs, l'immense hippodrome regorge de monde, et il n'est pas rare
qu'à ces occasions les trains répétés du chemin de fer ne joignent aux
estivants d'Aix une dizaine de mille de curieux venus de Chambéry,
d'Annecy ou des environs.

Au Nord d'Aix, s'inclinant légèrement à l'Est, la vallée du Sierroz s'ouvre par une large trouée. Aux temps géologiques, et même
à des temps presque modernes, elle dut être creusée par un puissant
agent d'érosion, car son delta s'avance énergiquement dans le lac, et

se prolonge même fort avant par une barre sous-jacente. Aujourd'hui le petit torrent, le ruisseau qui la draine parait bien inoffensif : il a cependant réussi dans les roches tendres qui la forment à se buriner un

Les Tribunes du champ de course

lit bien curieux. De part et d'autre les champs à la même hauteur semblent se rejoindre ; mais quand on approche de la ligne qui les divise, on voit une profonde fissure qui va en s'élargissant en-dessous, un de ces obstacles infranchissables que les Espagnols appellent des *barrancas*. Sur les assises de la roche affouillée, une végétation a germé, curieuse allongée, grêle, tachant de pousser ses têtes jusqu'au soleil.

L'industrie des hommes, qui avait commencé à y établir un moulin un peu en aval du petit et propret village de Grésy-sur-Aix, a accroché aux parois des passerelles pour offrir aux visiteurs le spectacle de ces merveilles quasi-souterraines, et plus récemment on a fabriqué à la partie inférieure un barrage qui faisant refluer les eaux, permet à un minuscule bateau à vapeur d'évoluer au fond du gouffre, et de faire faire une traversée complète de la fissure. En amont du moulin un fort dénivellement produit d'impétueuses cascades.

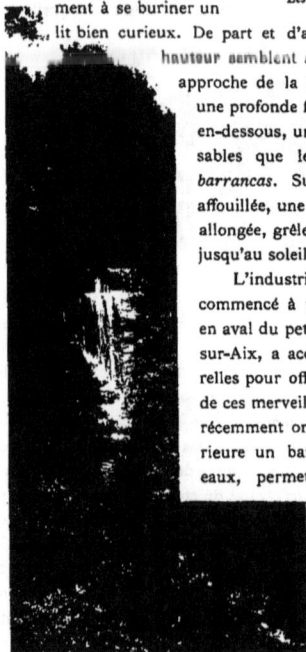

Cascade du Sierroz

4

La promenade de la Cascade de Grésy était déjà en honneur en 1813, lors de la visite que fit à Aix la reine Hortense, et l'une de ses dames d'honneur, la baronne de Broc, y fit un faux pas et périt sous les eaux. Un petit monument rappelle ce triste souvenir.

Aujourd'hui l'élégant restaurant qui double le moulin est la tête de ligne d'un petit tramway dont la prospérité atteste la vogue dont les Gorges du Sierroz jouissent auprès des promeneurs d'Aix.

Au Nord de Grésy, sur la rive droite de la partie septentrionale du lac, se dressent les collines de Saint Innocent et les monts escarpés de la Biolle et de Corsuet. Au point culminant de cette chaîne, à 842 mètres d'altitude, s'élève le restaurant de la Chambotte, splendide belvéder d'où l'on découvre tout le lac, les sommets qui l'entourent, Chambéry, le Granier, même les dentelures de la chaîne de Belledonne et quelques pics de l'Oisans. Pendant la belle saison, de grands breacks d'excursion qui partent du Jardin Public y amènent tous les jours le menu fretin des excursionnistes, tandis que les plus fortunés s'y font hisser en landaus ou en automobiles. Le panorama agréablement soutenu par des premiers et des seconds plans à bonne portée y est, pour certains, préférable à celui du Revard.

Et cependant ce plateau du Revard est une splendide excursion !

A l'Est du bassin d'Aix, le massif montagneux des Bauges se termine brusquement par une longue barre calcaire, se découpant sur le ciel. Son extrémité méridionale porte la croix du Nivolet : au Nord s'étale le large plateau alpestre du Grand Revard (1500 mètres d'altitude). Les grimpeurs qui s'y élevaient par le col du Pertuiset ou par la Cluse de St-Offenge exaltaient la vue qu'on en découvre.

Ce pouvait être une originale attraction, on parlait aussi de station climatérique, et une société se forma pour y conduire un chemin de fer à crémaillère. Décrétés le 25 juin 1891, les travaux furent poussés avec une telle activité que la ligne put être livrée à la circulation le 15 Août 1892. Un hôtel et un restaurant s'élevèrent au terminus de la voie, et un pavillon belvédère fut construit sur le point culminant.

LA DENT DU CHAT

ROUTE DANS LES ROCHERS DE LA CHAMBOTTE

LA CHAINE DU Mt-BLANC VU DU Mt-REVARD

PLATEAU ET HOTELS DU Mt-REVARD

AIX ET LE LAC DU BOURGET VU DU Mt-REVARD

L'excursion, délicieuse et sans inquiétude, se fait aussi rapidement que commodément : le panorama absolument circulaire offre une vue étrange et plongeante sur Aix et la cuvette du Bourget, une vision merveilleuse sur les pics du Dauphiné et de la Savoie, dominés par l'étincelant Mont-Blanc. Mais la clientèle ordinaire d'Aix est trop molle et trop assoiffée de plaisirs mondains pour bien goûter les pures joies de la montagne, et la société initiale ne put continuer l'exploitation. Une autre société lui a succédé et vivote. Peut-être un jour la mode se décidera t elle à adopter cette charmante initiation à l'alpinisme ! A moitié envahi par la végétation forestière des résineux, largement ouvert au soleil et doucement ondulé, le plateau du Revard est un séjour salubre et réconfortant pour les enfants débiles, les convalescents, et les blessés de la vie.

En face du Revard se dresse au-dessus du Bourget, la Dent du Chat, pyramide hardie de 1400 mètres d'altitude, dont l'escalade finale présente certaines difficultés. La section d'Aix du Club alpin français y a fait sceller quelques barres de fer, mais l'ascension en est fort rare. On se contente de se faire conduire par les cars-alpins à l'Hôtel de la Dent du Chat (600 mètres environ), dont la terrasse commande un fort joli panorama sur le lac du Bourget, la campagne d'Aix et les reliefs des Bauges. Il faut reconnaître d'ailleurs que dans la saison chaude une soirée sur cette terrasse est un plaisir intense et des plus délicats. On voit s'assombrir les eaux du lac à mesure que l'ombre les envahit : les feux rougeâtres du soleil couchant remontent peu à peu sur les flancs du Revard et empourprent sa ceinture rocheuse ; puis ils s'accrochent successivement aux grands pics neigeux de l'horizon. Le Mont-Blanc flamboie le dernier, tandis que là-bas s'allument les cordons de gaz et les phares électriques de la ville joyeuse. Une buée lumineuse s'en dégage qui lui forme une resplendissante auréole, et dans l'air rafraîchi la poitrine se dilate, les sens s'apaisent et l'esprit se détend. Trop rares sont ceux qui peuvent goûter cette pure joie, et que l'heure du souper ne ramène pas tyraniquement dans la fournaise des plaisirs.

Vue du Mt-Revard,
prise du Mt du Chat

Les Bauges auxquelles Aix est adossée sont un massif bien intéressant. Ce sont par excellence les montagnes de la Savoie propre,
car elles touchent à Aix, à Chambéry, et nous les retrouverons
quand nous parlerons de Saint-Pierre d'Albigny et d'Albertville.
Sans prétendre aux grandes altitudes leur relief est assez puissant
puisque leurs pics les plus élevés comptent le Trélod 2186 mètres,
le Pécloz 2260 mètres, l'Arcalod 2223 mètres et le Colombier
2049 mètres, elles ont un niveau moyen respectable, et leurs habitants se livrent beaucoup aux exploitations forestière et pastorale.

Le centre, le chef-lieu des Bauges est le gracieux bourg du Chatelard (800   mètres) relié à la ville d'Aix par une route de
29 kilomè-   tres qui présente elle-même de nombreux
buts de   promenade.
En amont   de Grésy-sur-Aix elle remonte d'assez
                  jolies gorges boisées pour arriver à
                  Cuzy. Elle a quitté le bassin du
                  Sierroz pour entrer dans celui bien
                  plus important du
                  Chéran, et près
                  de Cuzy, vers
le treizième kilomètre, elle laisse à

Le car-alpin au Mont du Chat

Vallée de Lescheraines

gauche un embranchement qui va franchir le ravin sur un remarquable pont suspendu de 66 mètres de portée, et à 96 mètres au-dessus des eaux. Le Pont de l'Abîme est avec le col du Mont-du-Chat et la Chambotte l'une des excursions quotidiennes desservies par les grands cars alpins.

A 2 kilomètres en amont du Pont de l'Abîme, on voit sur la gauche se profiler sur le ciel d'étranges dentelures. Ce sont auprès du village d'Allève les Tours St-Jacques, obélisques de calcaire taillés par les éléments.

Plus loin on franchit un défilé pittoresque, on atteint le niveau du Chéran qui retenu par un barrage mi-   parti naturel, mi-parti artificiel, se répand en pleureuses, et on arrive au pied de la grotte de Bange. La merveille n'a rien de bien remarquable, mais quelques cents mètres plus loin, au haut d'une barre ro- cheuse que la route escalade, on jouit d'un ravissant coup d'œil sur le bassin

Le Châtelard en Bauges

de Lescheraines, et on commence à apercevoir, encadré entre le Mont
Rossane et un contrefort du Trélod, le monticule qui porte le
Chatelard.

Le bourg est tapi entre la pente principale de la montagne et ce
redan saillant si bien découpé par la nature pour recevoir une forteresse. Du château, du grand castel qui donna son nom au pays, il
ne reste plus que des ruines informes, mais de son ancienne assiette
on embrasse tout le panorama du haut bassin du Chéran. Le Chatelard est propre, bien tenu, ses maisons ont un air d'aisance et son
principal hôtel porte le nom caractéristique d'Hôtel de l'Harmonie.
C'est un centre de villégiature et de tourisme, car il sert de point de
départ pour presque toutes les ascensions du massif, et de nombreuses familles viennent chercher dans sa fraîcheur un asile contre les
rigueurs du soleil.

Les paysages des Bauges sont calmes, doux, frais à l'œil. Bien
que la roche y soit entièrement calcaire, les escarpements ne se
voient guère que sur la ceinture. A l'intérieur, peu de déchirures,
tout est vert : vertes les terres arables bien arrosées, verts les bois
qui tapissent les monts, vertes les prairies qui les couronnent. Je me
souviens cependant d'un aspect plus agréable encore : c'était au
commencement de juin, tous les vergers étaient en fleurs, et le long
plateau d'Ecole paraissait tout blanchi par les pétales des pommiers.

Ces vallons des Bauges méridionales avaient assez de poétique
grandeur pour avoir séduit l'âme des religieux contemplatifs. Par la
gorge de Lescheraines, on parvient à l'entrée d'un petit repli forestier
où se cachait la Chartreuse d'Aillon. Evacuée lors de la première
Révolution, elle vit ses bâtiments ruinés par le temps et par la main
des hommes, et sur son emplacement il ne subsiste plus qu'une
grange sans caractère que personne ne songe à visiter.

Tapie au pied du Trélod, vers les sources du Chéran, l'abbaye
de Bellevaux plus riche et plus renommée, eut un sort analogue.
Mais la piété des montagnards a auprès de ses ruines élevé une chapelle dite l'Oratoire de la Sainte Fontaine où chaque année à la Pen-

PONT DE L'ABIME

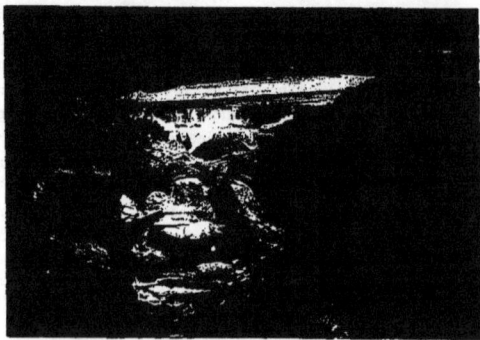

BARRAGE ET CASCADE DU CHÉRAN

Vallée des Bauges

tecôte se réunit un
pélerinage important. La
ferveur à Notre-Dame de Bellevaux est encore ardente au cœur des
Boujus. Ils ont rétabli dans le nouveau sanctuaire la statue de la
Vierge qui ornait le maitre-autel de l'église du couvent et qui avait
été vendue aux enchères lors de la Révolution, et aux jours de pélerinage ils se pressent autour de la chaire grossière édifiée, comme en
Bretagne, à l'extérieur de la chapelle.

La grande route qui est montée d'Aix au Chatelard se poursuit
sur le plateau par Ecole et Saint-Reine, et vient franchir la barre
orientale des Bauges au Col du Frêne (936 mètres) pour descendre
à Saint-Pierre d'Albigny. Ce col de faible altitude fournit un panorama merveilleux sur la vallée de l'Isère, l'entrée de la Maurienne et
les pics du massif d'Allevard. Les automobilistes font volontiers ce
petit circuit des Bauges, d'Aix à Aix par le Chatelard, le col du
Frêne, St-Pierre d'Albigny, Montmélian et Chambéry.

Chambéry au XVIIme siècle (d'après Mérian, 1645)

IV

Chambéry

La Ville des Ducs. — Les Châteaux de l'aristocratie savoyarde. — Jean-Jacques Rousseau et les Charmettes. — Le Bout du Monde et le Nivolet. — Challes-les-eaux et Notre-Dame de Myans.

Le lac du Bourget ne s'est pas toujours contenté de la place à laquelle il est réduit aujourd'hui, et il paraît certain qu'aux temps géologiques, il voisinait au Nord avec le Rhône, et baignait au Sud le pied de la colline de Lèmenc. On a même récemment soutenu qu'un bras du Rhône venait par là se déverser dans la vallée de l'Isère, mais les alluvions ou les affouillements de la période quaternaire ont expiré à la base de cet ultime renflement des Bauges.

Les premiers habitants de la région durent y trouver asile. La première trace que nous en trouvions dans l'histoire est la station de voie romaine que la Table de Peutinger place à *Lemencum*. C'était donc sur la colline que se trouvait alors l'agglomération principale et l'on sait que c'était d'ailleurs la règle générale chez nos aïeux, plus soucieux de leur sécurité que de leur confort.

Est-ce au moment où s'installa la domination burgonde, vers
456, que des habitations commencèrent à se grouper dans la plaine,
sur la rive gauche de la Leisse ! Fût-ce au contraire après la conquête
des Francs en 536 ? ou même lors de la constitution du second
royaume de Bourgogne en 879? On conçoit qu'aucun document ne
l'établisse, mais *Camberiacum* n'était encore qu'une bien petite localité
quand au milieu des conflits de la féodalité, le seigneur qui la possé-

Vue générale de Chambéry

dait y éleva un château-fort. Son importance s'en accrut, et c'était
déjà une petite ville quand en 1232 le comte Thomas de Savoie se la
fit céder et l'annexa à ses Etats. Ce fut le comte Amédée V qui en
1295 en fit sa résidence habituelle et la capitale de sa principauté.

Dès lors la fortune de Chambéry suivit celle toujours grandis-
sante de la maison de Savoie. Habiles et tenaces, les princes de cette
maison avaient vu peu à peu étendre leur influence sur les deux ver-
sants des Alpes, ils avaient groupé autour d'eux les gentilshommes
de ces régions qui vinrent se fixer à Chambéry et leur formèrent une
petite Cour. Ce n'était guère qu'un lien nominal qui rattachait ces
puissants vassaux à l'Empire Germanique. Amédée VIII sut en tirer
partie pour faire ériger en Duché son Comté de Savoie, lors des fêtes

qu'il offrit à Chambéry à l'empereur Sigismond de passage en cette ville en 1416.

La ville des Ducs atteignit alors l'apogée de sa prospérité. Capitale d'un Etat important et homogène, dont le prince à la fois prudent et belliqueux fut souvent l'arbitre de l'Europe et sut toujours sortir grandi de tous les conflits, Chambéry s'orna de tous les attributs de la puissance et des arts. Elle était le siège de la Cour des Comptes, d'un grand Conseil, le plus souvent celui des Etats Généraux ; elle développa ses fortifications, et devint un centre où ne tardèrent pas d'affluer des artistes de toutes sortes. Le château des Ducs s'enrichit

La Sainte Chapelle

d'une nouvelle chapelle, de peintures, de vitraux, et la même floraison artistique s'étendit aux châteaux environnants et aux hôtels de la noblesse.

*Portail
St-Dominique*

Mais la grandeur même de la Savoie eut pour Chambéry une conséquence funeste. En 1559, le duc Emmanuel-Philibert transféra à Turin la capitale de ses Etats, et la métropole dépossédée vit émigrer hors de ses murs tous les services et toute la pompe de la Cour. La vie calme et paisible qui devint alors son apanage se prolongea jusqu'à nos jours. Au milieu d'une campagne plantureuse, dans un décor grandiose et charmant, la cité prit les allures un peu guindées des vieilles villes parlementaires. Bien que ses murailles fussent tombées, elle n'en gardait pas moins ses rues étroites, suppléées par d'innombrables passages couverts ou traverses, ses toits d'ardoise lui donnaient un aspect funèbre, et trop au large dans les anciennes demeures des seigneurs de la Cour sa population que n'agitaient ni le commerce ni l'industrie se laissait aller à la torpeur. La vie intellectuelle seule semblait encore briller, et de nombreuses sociétés littéraires ou scientifiques, dont la plus renommée était l'Académie de Savoie, furent le précieux refuge de l'activité allobroge.

Le chemin de fer Victor Emmanuel en la cotoyant, l'ouverture du tunnel des Alpes en la plaçant sur l'une des plus grandes voies de communication de l'Europe, ne suffirent pas à la tirer de ce sommeil, et n'eurent d'abord d'autre résultat que de la rapprocher d'Aix-les-bains où sa bourgeoisie alla dépenser le trop-plein de ses forces et de ses économies.

La résurrection de Chambéry date d'hier à peine, mais la baguette de fée de l'industrie moderne y a déjà fait merveille. Une ville nouvelle aux maisons gaies et confortables s'élève comme par enchantement au commencement du parc du Verney ; la couverture de la Leisse, triste lit de cailloux le plus souvent à sec, sert d'assiette à un autre quartier non moins somptueux, des usines s'établissent un peu partout, et de nouveau une vie intense circule dans les veines de l'antique cité.

A ses monuments anciens, dont les plus remarquables sont la Cathédrale et le château des Ducs devenu la Préfecture, aux monuments modernes dont un échantillon contestable est la fontaine de Boigne ou des Quatre-Eléphants. Chambéry vient d'ajouter un Musée bien placé et fort intéressant, un joli Hôtel de la Caisse d'Epargne, et de fort belles promenades qui lui forment comme un lien continu avec la beauté de ses environs.

Un simple coup d'œil sur la carte de l'Etat-Major suffit à attester la fidélité de l'aristocratie savoyarde à l'ancienne capitale de ses

Ducs : nulle part on ne voit dans un étroit périmètre un pareil amoncellement de châteaux. Château de Montgex, château de Salin, château de Villeneuve, château du Palais, château de Triviers, château de Challes, château de la Bathie, château de Chaffardon, château de la Croix, château Pingron, château de Maistre, etc., etc. Chacune de ces demeures aristocratiques se distingue par l'ampleur, le confortable, l'aménagement des dépendances et des jardins, l'aspect de la vie large et opulente ; mais certaines sont spécialement renommées par leur architecture. Il faut citer notamment le Château de la famille de Costa de Beauregard, auprès du bourg de la Motte-Servolex, qui au haut d'un parc princier étale une magnifique façade Renaissance, et le château de la Serraz qui, non loin du Bourget, dans une gorge alpestre de la montagne de l'Epine domine une terrasse ombragée d'arbres séculaires. On y sent la persistance d'une race forte et croyante, tout un atavisme d'autorité et de loyauté, et cela n'a rien de commun avec le fragile clinquant des villas éphémères de l'industrie moderne.

Aux environs de Chambéry, la grande majorité des touristes ne manque pas de

Façade de la Cathédrale de Chambéry

Fontaine de Boigne

Château Costa de Beauregard

faire un pélerinage romantique aux Charmettes.

Bien que son étoile philosophique et littéraire ait un peu pâli avec le temps, l'auteur des Confessions a joui d'une telle vogue que nul n'ignore les relations qui attachèrent Jean-Jacques Rousseau à Mme de Warens. Sur un coteau à quelques cents mètres de Chambéry, les Charmettes furent le cadre assez mesquin de leurs peu nobles amours. Dans un accès de Rousseaulatrie, la ville de Chambéry a fait l'acquisition de cette maison et du jardin que bêchait Claude Anet. Une grande partie des meubles et des objets contemporains de la « bonne dame » sont encore en place, mais il faut une forte dose d'auto-suggestion pour admirer autre chose que le charmant paysage que l'œil embrasse des fenêtres de la maison.

Château de la Serraz

Les touristes plus épris de la belle nature que des émotions factices remontent le cours de la Leisse pour aller contempler vers sa source le site intéressant du Bout-du-Monde, ou s'élèvent sur les rochers de Lémenc pour jouir du panorama de la riche campagne savoyarde.

Les Charmettes, maison de Mme de Warens

Si l'on sait apprécier le plaisir d'une excursion alpestre, il faut monter à la Croix du Nivolet. Extrémité occidentale du massif des Bauges, la Dent de Nivolet porte à 1553 mètres d'altitude la fière cassure de ses roches. Sur son point culminant la piété des habitants de Chambéry a fait ériger une croix monumentale qui attire de loin les regards. Vue de près, sa structure est étrange, car elle se compose d'une énorme armature de barres et de fils de fer recouverte d'une cuirasse de fer blanc qui la fait scintiller au soleil couchant. Il faut un peu plus de trois heures pour s'élever de Chambéry par Monterminod et les prés de Nivolet jusqu'à la cime; mais par un beau jour le merveilleux panorama qui se déroule autour de ce piédestal avancé est une suffisante récompense. Par des plateaux ondulés, on peut de la Croix du Nivolet gagner à l'Est les Déserts-en-Bauges et de là le vallon de Lescheraines et le Châtelard.

Mais la promenade favorite des Chambérinois paisibles est toujours le gracieux bocage de Challes-les-Eaux. Un petit tramway à vapeur franchit commodément les six kilomètres qui les en séparent, et le dimanche c'est à flots pressés que ses wagons y déversent les familles. Aux agités les splendeurs et la poussière d'Aix, aux plus calmes la fraîcheur de Challes.

Les eaux sulfureuses et bromurées de Challes furent découvertes en 1841 par M. le docteur Domenget. Les débuts de la station thermale qui allait les livrer au public furent assez pénibles, et ce n'est qu'en 1871 qu'une société se fonda pour son exploitation. Cette société édifia un établissement bien aménagé, fit construire un Casino, dessina des allées et organisa des plantations qui changèrent bientôt en lieu de délices l'ancienne plaine marécageuse. Le succès couronna ses efforts, et répondant à l'affluence des baigneurs, des hôtels, des chalets, des villas surgirent comme par enchantement et tapissèrent la colline. Entraînés par la vogue, les maîtres d'hôtels ont même poussé l'irrévérence jusqu'à établir leurs caravansérails dans l'ancien château de Challes et dans le château de Triviers. Et maintenant on ne se contente plus de la cure d'eau, mais en automne on vient grâce aux vignobles qui l'entourent, faire à Challes des cures de raisins.

Au-delà de la coquette station, le tramway pousse ses rails jusqu'au populeux village des Marches, dominé par un imposant

château. Cette construction
massive n'a pas de préten-
tions à l'architecture, mais
elle rappelle de glorieux
souvenirs dans l'histoire
des princes de Savoie, et
elle conserve de son an-
cienne splendeur de cu-
rieuses peintures à fresque
exécutées dans ses salons
par les Gagliani.

Un peu avant d'attein-
dre les Marches, on laisse
à droite un ensemble de
bâtiments dominés par une haute tour qui porte à son sommet une
statue dorée. C'est l'église de Notre-Dame de Myans, lieu de pèleri-
nage célèbre dans toute la Savoie. On y vient au mois de Mai,
et surtout le 8 Septembre vénérer une petite Madone noire conservée dans une cha-
pelle souterraine.
L'événement qui a
donné lieu à cette
dévotion est un des
plus considérables
de l'histoire de la
Savoie, et rappelle
en même temps une
des singularités de
son organisation ec-
clésiastique. Pen-
dant de très
longues an-
nées, Cham-

Les Bains de Challes

La Grande avenue de Challes

*Village des
Marches*

béry n'était qu'une simple cure dépendant du décanat de St-André, l'une des quatre grandes subdivisions du diocèse de Grenoble. Saint-André, le chef-lieu de ce décanat, était une ville prospère de 5ooo habitants environ, bâtie au-dessous du prieuré de Gra-nier, sur les contreforts de l'Apremont.

Dans la nuit du 24 Novembre 1248, toute une portion de la montagne se détacha et s'abatit dans la plaine, laissant béant l'immense escarpement qui prit le nom de Granier, et écrasant sous ses blocs le prieuré de Granier et la ville de Saint-André. Dans leur course dévastatrice les rochers traversèrent la plaine en ravageant tout sur leur passage et ne s'arrê-tèrent que devant le sanctuaire de la Vierge. Une légende naquit alors qui attribua à la protection de la Mère de Dieu l'immunité dont jouirent dans cet immense désastre les campagnes qui s'étendaient

*Eglise de
Notre-Dame de
Myans*

au-delà de la chapelle, et la reconnaissance des habitants lui voua un véritable culte qui se propagea dans toute la Savoie.

Cet effondrement fut déterminé par un tremblement de terre, dont Matthieu Paris, dans sa Grande Chronique, mentionne la répercussion en Angleterre et les effets sur les eaux de l'océan.

Même à ces temps où les communications étaient rares, la chûte de l'Apremont eut un grand retentissement dans toute l'Europe, et nous la trouvons ainsi mentionnée dans la célèbre Chronique de Nuremberg (1493) :

« *Mons quidam maximus, in Burgundià imperiali, a monte dehiscens, vallesque coarctans, cucurrit per multa milliaria, ac quinque millia hominum suffocavit, et tandem ad alios montes mirabiliter accessit* ».

Le théâtre de ce cataclysme en a gardé un aspect désolé qui laisse une impression pénible. La terre fertile que recouvraient les blocs de pierres ne put être rendue à la culture ; les débris y forment des monticules entre lesquels dorment des eaux stagnantes : on les désigne sous le nom d'Abymes de Myans. C'est là qu'un délicat romancier, Henry Bordeaux, déroule les principales scènes de son émouvant *Lac Noir*.

A notre époque, si curieuse des souvenirs du passé, il est étonnant qu'aucune fouille raisonnée n'ait été entreprise pour exhumer les débris de la petite ville de Saint André. Quelle saveur aurait aujourd'hui pour nous la vie de nos aïeux du XIIIme siècle surprise en pleine activité.

Montmélian

V

La Savoie Méridionale.

Les forteresses : Montmélian, Miolans, Charbonnières. — La Maurienne. — La voie romaine et le chemin de fer Victor-Emmanuel. — St-Jean-de-Maurienne et la Chambre. — Les vignobles : St-Jean de la Porte, Princens, etc.

« La Savoie et son duc sont
pleins de précipices ».
(*Ruy Blas*, act. III, sc. II.)

La politique tortueuse qui fit la fortune des princes de Savoie les exposait bien parfois à de désagréables conséquences. Pour avoir le moins possible à les redouter, ils avaient hérissé leur sol de puissantes forteresses. C'était surtout au Sud, vers leur point de contact avec le Dauphiné, où la vallée de l'Isère largement ouverte offrait un facile passage aux armées, qu'il leur parut nécessaire d'élever de solides retranchements : profitant avec habileté des accidents de terrain, ils y bâtirent les trois principales citadelles, Montmélian, Miolans et Charbonnières.

Montmélian était la première et la plus importante.

*Vue générale de
Montmélian*

Son nom, *Mons Emilianus*, semble indiquer qu'elle était déjà, au temps de la conquête romaine un poste fortifié. Et de fait la nature l'avait créé tel qu'il s'imposait à l'attention.

Au pied des Bauges, un rognon plus spécialement compact, a résisté au dur rabot des glaces, aux formidables érosions de la débacle, et il est demeuré debout, saillant, commandant toute la vallée. Son importance stratégique en fit tout d'abord un refuge, puis sans doute un repaire, et quand il passa aux mains des premiers comtes de Savoie, il était déjà surmonté d'un château-fort. Ses nouveaux maîtres accrurent ses défenses et en firent leur séjour de prédilection. Amédée III (1103) et Amédée IV (1233) y naquirent; naturellement au pied du roc qui portait le château s'était groupée une petite ville que ses princes entourèrent de remparts, et ainsi se forma une place d'ensemble que les écrivains de l'époque considéraient comme imprenable. En effet, au milieu des *aléas* des batailles, souvent la Savoie fut envahie, tandis que Montmélian isolé résistait toujours, et quand il fut pris ce ne fut que par trahison ou grâce à un très long siège. En 1536, son gouverneur napolitain Chiaramonte le rendit sans coup férir à François Iᵉʳ. Rentré en possession de ses Etats après le traité de Cateau-Cambrésis, le duc Emmanuel-Philibert dès 1560 s'attacha à en faire une citadelle de premier ordre; aussi en 1597, Lesdiguières ne put s'en rendre maître, et il fallut en 1600

toute l'artillerie et toute l'astuce de Sully pour décider le gouverneur Brandis à la rendre après un long siège. En 1690, Montmélian résista pendant dix-neuf mois à tous les efforts, mais ce fut le couronnement de sa carrière; assiégé de nouveau en 1705, il dut capituler le 11 décembre et sa destruction fut ordonnée. Elle fut achevée en 1706, et depuis lors la forteresse, qui avait été si longtemps le boulevard de la Savoie, ne fut jamais rétablie.

Miolans qui ne fut qu'une place de seconde ligne n'eut pas des destinées aussi mouvementées.

Perché lui aussi sur un roc escarpé son château-fort remonte à l'époque féodale. Il fut la propriété de la maison de Miolans-Montmayeur, jusqu'en 1523 date à laquelle il fut acheté par le duc Charles III. Plus tard la hautaine forteresse fut convertie en prison d'Etat, et elle logea des détenus de marque, tel le marquis de Sade qui d'ailleurs put s'en évader. Ce fut la Bastille savoyarde. Dans les temps modernes, elle devenait sans emploi. Aussi, mal entretenue, elle tomba en ruines et fut aliénée en 1856 par le gouvernement sarde. Certaines parties restaurées et affectées aujourd'hui à une habitation particulière nuisent au cachet de grandeur qu'aurait encore l'ensemble des murailles.

La troisième forteresse était Charbonnières sur un éperon de roc qui domine Aiguebelle. Barrant l'entrée de la Maurienne, elle marqua

CHAMBÉRY

Vüe du Chateau de
MIOLANS
en Savoye à deux Lieües au Nord-Est
de Montmelian.

Avec Privil'. du Roy
1698

De Fer

l'une des premières étapes de l'ambition des comtes. Deux d'entre eux, Thomas Ier (1189), et Philippe (1207) y naquirent, et la plupart mirent tous leurs soins à augmenter ses fortifications naturelles et à en faire l'ultime rempart contre l'invasion.

L'armée de François Ier s'en empara en 1536 après un siège long et opiniâtre. En 1590, Lesdiguières, passant par les cols des montagnes, vint occuper la haute Maurienne en évitant la forteresse ; mais il ne pouvait sans danger la laisser derrière lui, et il fut obligé de revenir en faire le siège. Une batterie placée à propos sur le versant de la montagne au couchant de la citadelle l'obligea à capituler. Elle fut reprise en 1598 par le duc de Savoie, mais le siège le plus terrible fut celui de 1600 que dirigèrent Sully et Henri IV en personne. Après une résistance acharnée. la garnison fut obligée de se rendre le 19 septembre. Malgré les menaces qu'il avait faites, Sully, charmé par la beauté des femmes d'Aiguebelle, fit grâce aux défenseurs, mais il condamna la citadelle qui fut démantelée. On en avait en partie relevé les travaux, quand un nouveau siège en 1742 la fit tomber aux mains des Espagnols. Cette fois les vainqueurs lui infligèrent une démolition complète. L'œuvre de destruction fut si parfaite que de nos jours on cherche en vain un pan de mur sur la plateforme du roc, et qu'une excavation, sorte de citerne, est la seule trace de l'ancienne forteresse.

Aiguebelle et Charbonnières

La Maurienne, qui était ainsi défendue, fut le berceau de la maison de Savoie. Cette longue et profonde vallée qui pénètre jusqu'à l'axe même des Alpes, fut creusée et façonnée par l'Arc et ses affluents. Elle vient à Chamousset, presque en face de Miolans, rejoindre la large et

6

plantureuse vallée de l'Isère, mais elle ne lui ressemble en aucune façon. A peine franchi le défilé de Charbonnières, la Maurienne n'est plus qu'un étroit corridor enfermé entre des murailles de plus de 1500 mètres d'élévation. Les pentes de chaque versant sont telles que des bords de la rivière, entre 3 et 400 mètres d'altitude, l'œil va frapper directement les sommets, le Mont Bellachat (2488 mètres) les Rochers de la Lauzière (2797 mètres), le Gros Villan (2688 mètres) à l'Est, le Rognier (2340 mètres), le Fort (2462 mètres), le Grand Miceau (2687 mètres) etc. à l'Ouest. Aussi cette Maurienne inférieure est-elle âpre et sans charmes. Il faut remonter jusqu'à la Chambre et à St-Jean-de-Maurienne pour voir alors des plateaux supérieurs largement étalés découler des vallons tributaires riants, ensoleillés, formant toute une région alpestre intéressante et riche, et s'élevant par gradins jusqu'aux gras pâturages, piédestaux des sommets sublimes et des glaciers bienfaisants.

Plus près encore de la naissance de la vallée, certains vallons latéraux aboutissent à la ligne de faîte et ouvrent un accès vers l'Italie. Quelqu'un d'entre eux, le col de la Roue probablement, donna passage aux temps anciens à une voie romaine secondaire qui traversa toute la Maurienne moyenne et inférieure pour arriver, vers la station de *Mantala* (St-Pierre d'Albigny) à se souder à la grande voie militaire d'Aoste à Vienne par le Petit St-Bernard. Il est généralement admis que cette voie, établie par un consul du nom de Marius et appelée en conséquence la *Via Mariana*, a par corruption transmis son nom à la vallée et en a fait la Morienne ou Maurienne. Le nom était déjà employé en 581, car au concile de Macon de cette année figurait un évêque *Ecclesiæ Mauriennatis*.

La route qui succéda à la voie romaine fut sans doute modifiée dans sa partie supérieure. On sait en effet qu'aucun document romain ne signale le Mont-Cenis, qu'il semble ne faire son apparition à la connaissance des hommes qu'en 739 dans le testament du patrice Abbon *(Alpes in Cinisio)*, mais qu'il fut depuis lors le trajet le plus ordinairement pratiqué pour aller de France en Italie. La Maurienne

*Arrivée à
la Chambre*

fut l'accès du Mont-Cenis, la grande
route d'Italie, et l'on comprend dès lors que lorsque la puissance des
princes de Savoie s'étendit au-delà des monts la circulation y devint
incessante. Les armées, à commencer par celle de Pépin-le-Bref se
rendant chez les Lombards, franchirent souvent le Mont-Cenis, et
ce fut une préoccupation militaire qui amena Napoléon Ier à y faire
tracer la belle route que l'on admire encore aujourd'hui.

A l'aurore des voies ferrées, les rois de Sardaigne favorisèrent
l'établissement du chemin de fer Victor-Emmanuel qui partant de
Culoz et traversant toute la Savoie Propre s'enfonça dans la
Maurienne et parvint dès 1855 jusqu'à St-Jean. Nous verrons un
peu plus loin quels furent ses développements, mais il commençait
déjà à abréger singulièrement les communications entre Turin et
Chambéry. Le fond de la vallée est si uni que dans la plus
grande partie du parcours la voie ferrée vint longer l'emplacement de la voie romaine, et ces deux
puissants outils de civilisation fraterni-
sèrent à quinze siècles d'intervalle.

Nous avons vu que la Maurienne
étroite se continuait de Charbonnières
ou d'Aiguebelle jusqu'à la Chambre.
En ce lieu elle est rejointe à droite

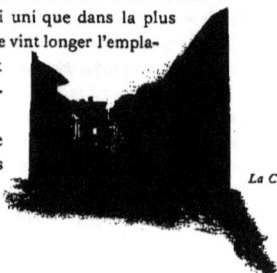

La Chambre

TOUR DE BÉROLD

CATHÉDRALE DE St JEAN DE MAURIENNE

et à gauche par deux vallées secondaires longues et profondes qui
lui apportent, celle du Glandon le tribut des eaux du massif d'Allevard et des préalpes des Rousses, l'autre, celle de la Madeleine, les
eaux de la chaîne de la Lauzière et celles du Cheval Noir. Ce carre-
four fait dans les monts une vaste trouée par laquelle l'air et le
soleil pénètrent violemment : en y débouchant on se sent délivré
de l'oppression des roches. Ce n'est plus une gorge, c'est une
plaine, une plaine d'alluvions, un ancien lac dont le fond a été
exhaussé et nivelé par les apports des torrents. La fertilité des
terres y a attiré les hommes qui y ont bâti une bourgade. Là siégea
jadis une de ces institutions du moyen-âge par lesquelles les suze-
rains nivelèrent à leur tour l'orgueil de leurs vassaux, une Chambre
de l'impôt, dont le nom est resté à la petite ville. Assise sur
son plateau que les eaux ont recommencé d'affouiller, la Chambre
est surtout un centre agricole, et sur son unique rue s'ouvrent
presque autant d'écuries que d'habitations. A l'extrémité Nord de
cette rue, transformées en grange, se dressent les ruines de l'église
d'une antique collégiale. Au Sud est une église moderne : son porche
est orné de colonnes dont les chapiteaux ne sont pas sans intérêt.
Mais le touriste ne s'y arrête guère, et on ne saurait l'en blâmer.

Sur la rive gauche de l'Arc, au débouché du Glandon, le bourg
de St-Etienne de Cuines a monopolisé le commerce et l'industrie de
ce pays, et l'on peut prévoir qu'il dépassera bientôt en importance sa
somnolente voisine.

Un nouveau défilé, plus sauvage et plus resserré que le précédent, porte le nom caractéristique de Pontamafrey, puis on arrive à
la plaine de St-Jean-de-Maurienne.

A l'issue du défilé les yeux sont attirés par une construction
robuste et massive, une tour carrée qui perchée sur une roche à pic
semble planer sur le passage. C'est le Chatel, la tour d'Hermillon ou
de Bérold : la légende y place le nid d'aigle des premiers comtes de
Maurienne : mais un document de l'an 887 vient la mentionner déjà
comme ancienne et le mode de construction de ses murs épais de

Cloître de St-Jean

plus d'un mètre semble plutôt remonter aux Romains. Son nom antique était *Armariolum*.

Vers le milieu de la plaine, sur le cône de déjection du Bon-Rieux, reluisent les toits de St-Jean-de-Maurienne.

Les origines de cette agglomération sont perdues dans la nuit des temps, et jusqu'à présent aucune découverte archéologique n'est venue y consolider les conjectures. Elle dut exister au temps des peuples primitifs, elle dut voir les Romains. On peut constater qu'elle fut un des premiers centres du christianisme dans les montagnes, et ce fut le siège du premier évêché savoyard, fondé en 579.

L'évêque y était même seigneur temporel, et ce ne fut pas sans difficultés qu'il subit la suzeraineté des comtes de Maurienne. Ces difficultés durèrent jusqu'à la charte du 2 février 1327 qui régla définitivement les rapports entre le comte Edouard et l'évêque Aymon. Ce dernier avait été obligé de la consentir pour obtenir le secours du comte contre ses sujets des Arves révoltés qui étaient venus l'assiéger à St-Jean

Ciborium de St-Jean

Stalles de la Cathédrale

après avoir brûlé ses châteaux. St-Jean-de-Maurienne fut dévasté à diverses reprises, notamment par les inondations du Bon-Rieux qui recouvrirent plusieurs fois de déblais les ruines de ses monuments. Aussi n'y trouve-t-on aucun vestige de l'antiquité. Les fondations de la basilique bâtie au VIme siècle par le roi Gontran sont à plus d'un mètre en dessous de la cathédrale actuelle, et encore le sol a-t-il été tellement élevé autour de celle-ci qu'on y descend par un escalier de neuf marches.

Cette cathédrale, qui est le principal monument de St-Jean, a été souvent remaniée. Elle a des parties fort belles mais elle manque d'unité. En avant de sa façade se dresse un portique d'ordre ionique qui fut bati en 1772 pour abriter le tombeau d'Humbert aux Blanches Mains que le roi Charles-Emmanuel III voulait faire sculpter en marbre de Carrare d'après les dessins des frères Collini. Mais l'argent manqua, et le monument exécuté seulement en plâtre est protégé par une grille

contre l'indiscrétion des curieux. (Savoie, par le baron Raverat.)

Le chœur est décoré d'une magnifique boiserie comprenant de chaque côté 22 stalles, avec statues en haut-relief et baldaquin ajouré : restaurée en divers endroits, l'œuvre remonte à 1498 et fut due au ciseau de Pierre Mochet, de Genève. Un ciborium en marbre blanc admirablement travaillé, et remontant aussi au XVme siècle, renferme les reliques de St-Jean-Baptiste, deux doigts du saint Précurseur, rapportés d'Alexandrie, dit le chanoine Grillet, par Sainte-Thècle, au VIme siècle.

Derrière la cathédrale s'étend un cloître ogival fort curieux, et tout à coté subsiste isolée une haute tour qui fut l'ancien clocher de Notre-Dame, et au portail roman de laquelle on peut admirer des chapiteaux d'un art primitif assez intéressant.

Comme monuments modernes on ne voit à St-Jean-de-Maurienne que la statue en bronze du docteur Fodéré, le père de la médecine légale, un Palais de Justice dont la moitié sert d'Hôtel de Ville et la très simple maison de la Sous-Préfecture. Une partie de la rue principale est bordée d'arcades dans le genre des villes italiennes, et lui donne un certain caractère d'austère grandeur.

St-Jean-de-Maurienne n'a guère profité du mouvement contemporain. Un sentiment d'économie mal entendue en a écarté le tracé du chemin de fer, et isolé sur son éminence il regarde mélancoliquement passer les trains qui emportent la richesse et le progrès. Au débouché des grasses et populeuses vallées des Arves, il n'a conservé qu'un élément de prospérité, ce sont les grands marchés, les foires qui s'y tiennent quatre fois par an et y rassemblent souvent plus de deux mille têtes de bétail.

C'est tout auprès de St-Jean, sur le coteau qui le domine, que gît le vignoble renommé du Princens. En face de la ville, sur la rive droite de l'Arc, on récolte le vin non moins fameux d'Hermillon. Les crus de Monterminod au-dessus de Lémenc, de Montmélian, de Cruet, surtout de St-Jean de la Porte auprès de St-Pierre d'Albigny, jouissent à un haut degré de la faveur des gourmets, et dans toute

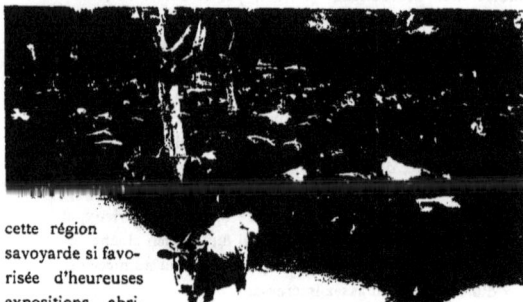

La Foire de la Toussaint à St-Jean de Maurienne

cette région savoyarde si favo-risée d'heureuses expositions abri-tent des vignes, grandes comme un mouchoir de poche, d'où sortent des nectars estimés....

D'où sortent... ou plutôt d'où sortaient, car le terrible phylloxera n'a pas épargné ces réservoirs de gaieté et de vaillance. On a replanté, mais le vin nouveau ne vaut pas l'ancien, et avant que l'influence du terroir ait pu restituer le vieux cru, le monstre invisible aura peut-être recommencé ses ravages.

Dans toute la Savoie Méridionale on s'adonne beaucoup à la culture de la vigne. Depuis Montmélian jusqu'à Miolans toute la base des Bauges

Vue générale de
St-Jean de Maurienne

en est tapissée, et il n'est pas de coteau ensoleillé dans la Maurienne jusqu'à St-Michel qui n'en soit aussi gratifié. Dans la campagne d'Aix on a une coutume spéciale pour traiter la savoureuse liane : au lieu de l'enrouler à des piquets, on la fait supporter par des arbres vivants, le plus souvent des érables, et l'harmonie de ces deux verdures fournit une note bien pittoresque dans le tableau.

Ce vin que l'on récolte abondamment fait partie de l'économie domestique du paysan savoyard, et tout propriétaire commence sa journée en buvant un *pichet* de vin blanc. Comme chacun boit sa récolte naturelle et non frelatée, il n'y a pas d'alcooliques, à peine d'ivrognes : on peut seulement remarquer dans le caractère des habitants je ne sais quoi de vif et de pétillant qui tempère heureusement l'habituelle lourdeur des montagnards : c'est la gaieté du jus de la treille.

La Savoie Industrielle.

Le sol de la Maurienne et le cours de l'Arc sont en faible pente depuis l'entrée de la vallée jusqu'à St-Jean-de-Maurienne. En 42 kil. ils s'élèvent à peine de 200 mètres, mais on arrive ici au bassin torrentiel, l'inclinaison s'augmente et le voyageur de nos jours s'en aperçoit par la substitution que l'on fait en gare de St-Jean des machines à haute traction aux locomotives ordinaires. Là commencent aussi les travaux d'art qui ont retardé jusqu'au mois de mars 1862 l'exploitation de la ligne de St-Jean à St-Michel.

Dans une gorge assez resserrée, en amont d'une éminence gypseuse où certains auteurs ont voulu voir la Roche Blanche d'Annibal, deux villages fort anciens se faisaient vis-à-vis, St-Martin d'Arc sur la rive gauche, et St-Michel, précisé en St-Michel-de-Maurienne, sur la rive droite.

Mieux exposé au soleil, St-Michel eut toujours l'avantage. Aux temps féodaux, il était le siège du seigneur. Plus tard, c'est à sa base que passa la route, et peu à peu il se dédoubla pour s'en rapprocher. Il eut le bénéfice du mouvement du commerce, du passage des voitures, des diligences, de l'animation des postes et des rouliers. Mais son importance s'accrut surtout quand de 1862 à 1871 il fut la tête de ligne du chemin de fer, l'entrepôt forcé des marchandises, le lieu de transbordement des voyageurs.

Proposé dès 1832 par Joseph Médail, de Bardonnèche, à qui revient l'honneur d'avoir indiqué le point où la chaîne sommitale était la plus étroite, étudié dès 1845, le tunnel des Alpes avait été décidé par la loi du 15 avril 1857, et commencé le 31 du même mois. Les

premières années furent occupées par les installations nécessaires et
les tâtonnements. L'annexion de la Savoie à la France amena par
la convention du 7 mai 1862 la participation de cette puissance à
l'entreprise, et dès cette époque les travaux furent poussés avec
activité. La voie du chemin de fer avait été ouverte à la circulation

*St-Michel de
Maurienne*

en mars 1862 jusqu'à Saint-Michel, mais la section de Saint-Michel
à Modane ne le fut qu'en octobre 1871 : pendant ces neuf années et
demie, le village jouit d'un véritable monopole et connut une prospérité sans précédent. Il s'orna de maisons modernes et de villas,
étendit son périmètre et construisit de nombreux hôtels.

Au fur et à mesure de l'avancement des travaux, et sous la
poussée incessante des esprits distingués qui les dirigeaient, de nouveaux progrès se réalisaient dans les outils et dans les méthodes.
En 1862 on prévoyait un délai de 25 ans pour la percée du tunnel ;
en 1867, les ingénieurs Grattoni et Sommeiller s'engageaient à le
terminer avant la fin de 1871 : on sait que la communication fut
établie le 25 décembre 1870, et que l'inauguration du tunnel eut lieu
le 15 septembre 1871.

La rapidité de cette réussite fut fatale à une entreprise dont les débuts avaient excité le plus grand enthousiasme.

Depuis le mois d'avril 1862 les grandes diligences qui opéraient le transport des voyageurs partaient de Saint-Michel, et se rendaient à Suze par Modane, Lans-le-bourg et le plateau du Mont-Cenis : elles accomplissaient ainsi un trajet de 77 kilomètres sur la belle route que Napoléon Ier avait fait construire de 1805 à 1813, et y employaient généralement 12 heures.

Une société se forma pour abréger ce parcours en réunissant les deux têtes de ligne, St-Michel et Suze, par un chemin de fer de montagne d'après le système d'un ingénieur américain, M. Fell. Le tracé de cette voie cotoya souvent la route, s'en écarta parfois pour ménager les pentes, et traversa le col du Mont-Cenis à ciel ouvert à 2098 m. d'alt. Ce fut le premier de nos chemins de fer de montagne, si multipliés depuis lors. La plateforme se composait de deux rails latéraux à voie étroite et d'un rail central surélevé qui se pinçait entre les paires de roues horizontales dont étaient munis les wagons et la locomotive. Comme il fallait passer en tout temps et que certains endroits étaient exposés aux chutes de pierres ou aux avalanches, la voie était couverte sur un assez long parcours et vue d'en haut ou d'en face elle donnait l'impression d'un immense serpent déroulant ses anneaux sur la montagne.

Il fut mis en exploitation au mois de Juin 1868 et fut tout de suite l'objet d'un engouement général. Plusieurs touristes firent le voyage uniquement pour en user, et les diligences n'eurent plus d'amateurs. Il ne faisait d'ailleurs aucun tort au roulage, car semblable encore en cela à nos tramways actuels il ne pouvait se charger des marchandises lourdes et encombrantes. Mais l'ouverture anticipée du tunnel vint lui porter un coup mortel : les dépenses d'établissement étaient loin d'être amorties quand cessa l'exploitation, ce fut une débâcle. On ne prit pas même la peine d'en enlever les matériaux, et ce furent les intempéries et les vols qui les firent lentement disparaître. Ironie des choses et des temps! le goût de la montagne

est venu, et s'il existait encore le chemin de fer Fell ferait certaine-
ment ses affaires et desservirait aux alentours de l'hospice un centre
important de villégiature alpestre.

On sait d'ailleurs que le tunnel, appelé du Mont-Cenis parce qu'il
a remplacé ce passage, est en réalité percé sous le mont Fréjus, à
22 kilomètres à vol d'oiseau au S.-O. du col. De même la gare dite
de Modane n'est pas à Modane et n'est pas à l'entrée du tunnel.

Le bourg de Modane, assis dans une petite plaine sur les bords
de l'Arc qui le divise en deux parties, Modane proprement dit sur la
rive gauche et Loutra (Outre Arc) sur la rive droite, remonte à une
assez haute antiquité. Les anciens titres le nomment *Amontana*, puis
Amondana, d'où est venu Modane, et sa situation justifie amplement
le nom primitif. A deux kilomètres au Sud de Modane, au point
d'inflexion de la vallée, au confluent du vallon du Charmaix venant
du col de la Roue, se trouvait le petit village de Fourneaux, ainsi
nommé d'anciennes exploitations métallurgiques. La gare s'est
installée tout contre Fourneaux, à 1800 m. de Modane, mais elle a
pris un tel développement, elle a amené un tel nombre de constructions qu'aujourd'hui il n'y a presque plus de solution de continuité
entre Modane et Fourneaux, et que pendant ces deux kilomètres la
route est bordée sans interruption de hangars, d'hôtels, de villas, de
maisons à beaux magasins et d'usines. Le va-et-vient des voyageurs
lui donne une animation extraordinaire. L'ouverture du tunnel étant
à 100 mètres environ au-dessus de la vallée, cette différence de niveau,
exactement de 73 m. 58 entre les quais de la gare et l'orifice de la
galerie, est rachetée par une grande boucle de plus de 5 kilomètres
de développement qui fait passer la voie en souterrain au Nord
même du bourg de Modane.

C'est à Modane que commence la Maurienne supérieure, largement ouverte, verdoyante, ensoleillée.

La route du Mont-Cenis la suivait en remontant l'Arc jusqu'à
Lans-le-bourg. A quelques kilomètres en amont, elle rencontrait un
étranglement difficile à franchir, où les rois Sardes avaient fait cons-

MODANE-FOURNEAUX

MODANE ET LA CHAINE DU THABOR

GORGES DE L'ARC ET GRAND ROC NOIR

FORT DE L'ESSEILLON

truire les retranchements de Lesseillon. Cette forteresse se composait de quatre forts superposés, Victor Emmanuel, Charles Félix, Marie Christine et Charles Albert, qui, postés sur la rive droite de l'Arc, couvraient de leurs feux la route de la rive gauche occupée par une cinquième redoute, et interceptaient tout passage. Lors de l'annexion, ces forts furent démolis, et il n'en reste plus qu'une caserne pour les troupes de la frontière.

Au sortir de ce défilé, la route se trouve dans une nouvelle plaine allongée à l'altitude moyenne de 1462 m.; qui laisse à l'E. à Bramans la route du Petit Mont-Cenis et vient expirer à Termignon.

Ce vieux village, au confluent de l'Arc et du Doron, au pied du Col de la Vanoise, précède de six kilomètres Lans-le-bourg, où commence la montée du Mont-Cenis. C'était là qu'aux XVme et XVIme siècles, on démontait les berlines pour en transporter par mulets les fragments jusqu'à Suze, là aussi qu'on aboutissait par la vertigineuse descente de la Ramasse. Plus tard, et au temps de la belle route, Lans-le-bourg vivait de l'industrie des renforts. Le tunnel lui a enlevé toute activité, les hôtels se sont fermés et le village s'est dépeuplé.

A cette ancienne industrie de la route, les temps nouveaux ont substitué celle de la Houille Blanche.

Entre St-Jean de Maurienne et Modane, la distance n'est que de 37 kilomètres et le dénivellement atteint près de 600 mètres. Aussi s'occupe-t-on d'utiliser la force des eaux et d'aménager sur le cours de l'Arc de puissantes chutes que se disputent les usines. Certaines ont fait pour cela des travaux gigantesques, et de toutes parts les rives de l'Arc et de ses affluents sont zébrées de colossales conduites où les eaux acquièrent une pression et une force merveilleuses.

A 2 kilomètres en aval de St-Michel de Maurienne, l'usine de Calypso capte le torrent de la Valloirette et l'asservit à ses besoins.

A St-Michel même, l'usine de Prémont (électro-chimie) déve-loppe pendant plus de deux kilomètres un énorme tuyau qui reçoit les eaux d'un barrage de l'Arc et s'en sert pour fabriquer des

Termignon en Maurienne

chlorates. Plus en amont l'usine de la Praz en envoie deux chercher le plus loin et le plus haut possible les forces nécessaires à sa consommation électrique. L'une des conduites, de 2 m. 40 de diamètre, franchit la rivière par un cintre d'une portée de 40 mètres; elle fournit environ 10.500 chevaux vapeur; l'autre conduite en donne 2.400. La principale utilisation de cette force immense est la fabrication de l'acier aux fours électriques. On arrive à y couler de premier jet des lingots de 2.500 kilogrammes.

Quant aux petites chûtes fournissant la lumière électrique ou actionnant de simples scieries, on ne les compte plus.

Il en est de même en Tarentaise, et en remontant la vallée en amont d'Albertville, on voit aussi de nombreuses installations destinées à domestiquer les cours d'eau à chûtes rapides. Mentionnons d'abord l'usine de la Bathie qui utilise à la fabrication du carborandum l'énergie que lui fournit une conduite de 400 mètres de hauteur.

Vient ensuite l'usine de Notre-Dame de Briançon, appartenant à la Société des Carbures Métalliques. Elle capte l'Eau Rousse qui vient du village de Celliers à 230 m. au-dessus de l'établissement, et l'amène par une conduite de 0,80 de diamètre dont la longueur est de 1.382 mètres; elle en tire une force de 3.300 chevaux vapeur.

*Vue de l'Usine de
N.-D. de Briançon*

Comme supplément elle est allée à 11 kilomètres de là, dans le vallon
de Belleville, fonder l'usine de la Rajat, qui lui transmet par une
ligne triphasée l'énergie qu'elle soutire par 362 mètres de chûte des
torrents du Merdarel et du Nant Brun.

A Brides-les-bains, une usine génératrice s'empare par une
conduite de 900 m. de long et de 110 m. de chûte de la force du
Doron des Allues, et l'emploie à actionner le tramway électrique de
Moutiers à Salins et à Brides.

Enfin en amont de Bozel, au Villard de Pralognan, une puissante
usine utilise le Doron de Pralognan pour fabriquer du carbure de
calcium. Sa conduite en tôle d'acier, d'un diamètre de 0,90 et de
2.200 m. de long, prend les eaux à un barrage établi auprès du

*Prise d'eau de
la Devise*

village de Planay, assèche presque complètement les célèbres cascades de Ballandaz, et fournit une force de 4.5oo chevaux.

Toutes ces installations, et bien d'autres qui sont étudiées et qui suivront bientôt, font de la Savoie Méridionale un centre usinier de grande importance. Leurs tuyaux, leurs fumées et leurs poteaux altèrent malheureusement les paysages, mais en s'élevant au-dessus des atteintes de l'industrie il reste encore au véritable touriste un assez beau domaine dans l'Alpe grandiose et sublime pour qu'il puisse sans trop de regrets abandonner les régions inférieures à l'enlaidissement du progrès.

Les exploitations minières ne sont pas moins abondantes et prospères. A la Chambre, on trouve déjà quelques carrières de plâtre, mais le centre le plus important des plâtrières est à St-Jean-de-Maurienne où, sur la route de Fontcouverte et dans la gorge de l'Arvant, s'ouvrent de nombreuses galeries d'extraction.

Plus haut, vers St-Michel-de-Maurienne, ce sont les ardoisières qui, sur la rive gauche de l'Arc, sillonnent les talus de la montagne par leurs plans inclinés et leurs fils aériens. Mais c'est surtout en Tarentaise que cette industrie a son plus grand développement et les ardoises de Cevins jouissent dans tout le Sud-Est de la France d'une réputation méritée.

Des gisements de minerais de fer ont été aussi exploités en divers points de la Savoie Méridionale, notamment auprès d'Aiguebelle où des plans inclinés construits par le Creuzot gravissent presque le sommet des Cucherons. Les forces motrices vont sans doute donner un nouveau regain d'énergie à toutes ces entreprises.

Moutiers en Tarentaise

VII

La Savoie Thermale.

En Tarentaise. — Moutiers et Salins. — Brides-les-bains et le Bois de Cythère. — Le Val des Doron. — Pralognan.

Parmi les richesses naturelles dont est doté cet heureux pays de Savoie, il faut compter au premier rang ses sources minérales et thermales. Froides ou chaudes l'industrieux savoyard sait faire servir les eaux à sa prospérité. Avec les unes il crée des usines ; autour des autres, il bâtit des stations qui attirent l'or de l'étranger.

En Maurienne, nous n'aurions eu à signaler au point de vue des eaux minérales que le petit établissement de l'Echaillon, en face de St-Jean-de-Maurienne, déjà connu en 1344, où une source iodurée gazeuse affleure à la température de 34° avec un débit approximatif de 65 litres à la minute. Quelques autres résurgences salines, telles

Moutiers
Quais de l'Isère

que celles de St-Rémy, de Pontamafrey, de Termignon, de Bonneval, ne sont pas encore aménagées.

La Tarentaise au contraire semble être à ce point de vue l'analogue de la Savoie Propre et nous allons y trouver les stations thermales de Moutiers-Salins et de Brides-les-bains avec la station climatérique de Pralognan.

La ville de Moutiers est la capitale de la Tarentaise. Elle est d'une origine relativement récente, bien que la Tarentaise ait été le siège d'une colonie romaine fort importante, et ait donné passage à la grande voie militaire d'Aoste à Vienne par le Petit St-Bernard.

Les stations que nous y fait connaître la Table de Peutinger, *Bergintrum*, *Axima*, *Darentasia*, *Obilonnum*, ne semblent pas pouvoir être identifiées avec son emplacement, et se rapportent à Bourg St-Maurice, Aime, Centron et la Bathie, tandis que le *Forum Claudii Neronis* de Ptolémée demeure sans assiette bien certaine. On n'y a d'ail-

Square de la Place de Moutiers

leurs découvert aucun de ces vestiges romains si abondants à Aime.

Le nom de Moutiers, contraction de *Monasterium*, indique lui-même que l'agglomération se forma à l'ombre d'une abbaye sur la fondation de laquelle nous manquons de documents. Elle grandit après la destruction de la ville de Darentasia, devint le siège de l'évêché qui y avait été d'abord créé en 426, et passa vers la fin du XIme siècle sous la suzeraineté du comte de Savoie. Cette suzeraineté n'alla pas sans heurts, et en l'an 1336, le comte Aimon, dit le Pacifique, prit d'assaut Moutiers et en fit raser les murailles.

Moutiers est situé sur l'Isère dans une petite plaine qui parait enclose de toutes parts. La brèche la plus large dans cette enceinte de montagnes est celle par laquelle arrive le Doron ; quant aux deux issues de l'Isère, elles se font par des défilés où la route a dû disputer sa place au rocher. D'Aigueblanche, riant village entouré de vergers, où se termine la Tarentaise inférieure qui n'est elle-même qu'un verger continu, la chaussée, suivant sans doute le tracé de la voie romaine, escaladait par une rude rampe l'ultime contrefort du Quermo, pour redescendre dans l'entonnoir de Moutiers.

Aussitôt qu'apparaissaient la ville et ses alentours, l'œil était frappé par une série de colonnes pyramidales assez rapprochées les unes des autres et formant un alignement régulier. Ce sont les restes de l'ancien bâtiment de graduation où l'on amenait par des conduites l'eau de la source de Salins pour la faire évaporer, et recueillir ce précieux condiment du sel dont le transport par charrettes depuis le bord de la mer était assez onéreux.

Même n'arrivant qu'à Chamousset, le chemin de fer avait ruiné cette organisation. Depuis 1895, son embranchement a foré sous la montagne un tunnel qui entre en galerie au sortir de la gare d'Aigueblanche, et la tête de ligne en est pour le moment à Moutiers en attendant qu'il se prolonge vers Bourg St-Maurice et le Petit St-Bernard.

La ville est propre et coquette ; les quais qui enserrent l'Isère dans la plus grande partie de sa traversée lui donnent un aspect de

Salins et sa gorge

grande ville; la large avenue de la gare, le square qui rajeunit la vieille place, le cours planté qui se dirige vers Salins en font un séjour gai et confortable. Le seul monument qui s'offre à la visite du touriste est la cathédrale de St-Pierre, qui remonterait, dit-on, au Vme siècle, mais qui a été bien souvent reconstruite et remaniée depuis lors, et dernièrement en 1826. La partie la plus intéressante, après le porche gothique assez bien conservé, est la crypte découverte en 1866, et qui semble remonter au XIme siècle.

L'hospitalité large et confortable des hôtels de Moutiers en fait la succursale de la petite station thermale de Salins dont les sources émergent à deux kilomètres de là dans la gorge étroite et assez humide du Doron. Un établissement thermal bien compris et bien aménagé a été construit sur place, tout à côté de l'ancien petit village, mais bien qu'il soit avoisiné de deux hôtels tout modernes, la plupart des baigneurs préfèrent résider à Moutiers, surtout depuis que le tramway électrique de Brides en fait l'incessant service dans la belle saison.

Les eaux fortement salines, puisqu'elles contiennent plus de 10 grammes de chlorure de sodium par litre, sourdent sur la rive

Brides-les-Bains

droite du Doron au pied du grand rocher qui domine le village. Elles émergent à la température de 35° et avec une extraordinaire abondance car le débit de 2.400 litres par minute permet de donner des bains d'eau courante. Elles sont toniques et réconfortantes, et surtout efficaces pour les enfants malingres ou scrofuleux. On les emploie aussi avec succès pour combattre la dégénérescence graisseuse, et de même qu'à Brides on peut y voir à la fois comme malades les gens trop maigres et les gens trop gras.

A 2 ou 3oo mètres de Salins, en remontant la gorge du Doron on atteint le confluent par lequel il reçoit le ruisseau de Belleville. Ce torrent presqu'aussi important que le cours d'eau principal, arrive encaissé entre des ro-

*Brides-les-Bains
la Grande Rue*

8

chers schisteux qu'il a profondément entaillés, et l'on ne dirait pas à voir cette sorte de défilé que c'est là l'émissaire de l'un des plus grands vallons secondaires de la Tarentaise, de cet immense plateau de Belleville qui fut l'un des séjours favoris des premiers habitants des montagnes, de nos ancêtres de l'âge de fer, et s'étend jusqu'aux crêtes qui dominent la Maurienne.

Passé le confluent (495 m. d'alt.), la route s'élève rapidement sur la rive gauche de la vallée pour atteindre par un parcours de six kilomètres la station de Brides (590 m.).

Ici nous entrons presque autant qu'à Aix dans le monde de l'élégance et du luxe le plus raffiné. Les maladies qu'on soigne à Brides sont généralement bien portées : ce sont l'anémie, résultat des fatigues mondaines, la neurasthénie qu'amène le surmenage intellectuel, l'embonpoint, cet écueil des belles oisives qui ont passé la trentaine, et même quelques rhumatismes bourgeois. Aussi les baigneurs de Brides sont-ils en majorité gens riches, aimant le confort et le bien-être, on n'y voit que mines réjouies et fraîches toilettes, et l'argent y circule avec allégresse.

Les eaux de Brides se targueraient volontiers, elles aussi, d'une antiquité romaine. On cite un certain manuscrit du IIIme siècle qui en parlerait ; mais les savants, race incrédule, le traitent d'apocryphe. Il y a bien aussi une certaine médaille, à l'effigie d'une impératrice Faustina.... mais on n'a jamais osé en trouver une seconde, et ce témoignage unique ne rencontre pas beaucoup de confiance. Ce qui paraît plus acquis, c'est qu'elles étaient connues au XVIIme siècle, et la carte de Savoie de Nicolas Visscher en 1660, celle de Borgonio en 1680 et celle du Père Placide en 1691, désignent déjà cet emplacement sous le nom de « les Bains ».

La source apparaît dans le lit même du Doron, dont avant les derniers travaux de captage les colères lui étaient souvent funestes. Elle jaillit à l'altitude de 570 mètres, à la température de 36°, et avec un débit de 208 litres à la minute. Elle renferme près de 7 grammes par litre de sels divers, dans lesquels le vulgaire sel de cuisine figure pour 1 gr. 842.

L'exploitation raisonnée et fructueuse n'en remonte qu'à une époque assez récente, car l'établissement de bains date de 1840, et ce n'est qu'en 1842 qu'il commença à s'y former une agglomération assez importante pour être érigée en paroisse. La vogue de cette station est due aux efforts soutenus de deux médecins, les docteurs Lassus et Philbert, et ne remonte guère qu'à une vingtaine d'années, mais elle a amené la transformation complète de l'ancien village.

Casino de Brides-les-Bains

La route, bordée à droite et à gauche de beaux hôtels ou de maisons meublées, forme le centre du petit bourg. A l'Est, en avant, s'élève la coquette église due aux libéralités de M. de Quartéry, puis en descendant vers le Doron par une large allée sablée on trouve le brillant Casino, l'établissement thermal, le parc aux beaux ombrages et aux petites boutiques, le promenoir pseudo-arabe, et la buvette. A l'Ouest dans un beau parc sur le flanc de la colline qui se relève vers les Allues, des villas originales ou charmantes se hissent au-dessus les unes des autres au milieu d'un fouillis de verdure : indice certain de la prospérité locale, les villas des méde-

Le promenoir de Brides-les-Bains

BOIS DE CYTHÈRE

CASCADE DU BOIS DE CYTHÈRE

cins sont les plus riches et les plus luxueusement décorées.

Tout le monde à Brides comprend et pratique l'utilité des plantations : chaque hôtel a son jardin ombragé, et par les plus fortes chaleurs de l'été on y trouve une fraicheur réconfortante. Une société s'est formée pour l'embellissement de Brides, et elle trace avec une louable activité de délicieuses promenades, aménage les points de vue, dessert les belvédères, etc. Sa création la plus réussie est le Bois de Cythère. Le torrent des Allues descend en cascades bondissantes directement sur le village. Son lit est creusé dans une ancienne moraine frontale aux blocs énormes envahie et recouverte par la végétation que favorise l'humidité entretenue par les chûtes. De ces broussailles et taillis, la Société des promenades a su par de savants nettoyages faire sortir une futaie, dans laquelle elle a tracé des allées sinueuses, garnies de bancs, franchissant par des ponts rustiques les rapides du torrent, et fournissant une très agréable promenade qui s'allonge ou se raccourcit à volonté. Elle a eu surtout la géniale idée de le dénommer Bois de Cythère, et nul n'oserait passer à Brides sans aller flirter — ou tout au moins flâner — dans le lieu consacré à la Déesse.

Si les propriétaires de Brides donnent ainsi une idée des plus flatteuses de leur savoir faire, ceux de Pralognan ne le leur cèdent en rien. Ils ont eu la sublime inspiration de faire proclamer par les médecins que, pour consolider le profit de leur cure, les baigneurs devaient la faire suivre d'un séjour de huit à quinze jours dans l'air pur du plateau supérieur, et c'est ainsi que l'ancien centre alpin est devenu une station climatérique de premier ordre.

Pralognan est à l'origine, on peut dire à la source, du val du Doron. Pour s'y rendre de Brides il n'y a qu'à remonter la vallée, et une excellente route, aujourd'hui parcourue par un service régulier d'automobiles, y conduit en 20 kilomètres.

Un premier trajet de 7 kilomètres dans des campagnes fertiles et bien cultivées conduit au gros village de Bozel, dénommé Bauzey par la carte de Sanson d'Abbeville en 1648. Siège de marchés impor-

tants, Bozel, dont l'église au
clocher bulbeux resplendit au
loin, a été en 1903 dévasté et en
parti démoli par une crue terrible du petit ruisseau qui l'arrose.
On y voit une vieille tour que
certains auteurs font remonter
au VIme siècle et c'est le point de
départ ordinaire pour l'ascension
du belvédère du Mont
Jovet (2563 m.)

Notre Dame des Neiges

Du   cône de déjections
sur lequel   est bâti le bourg, la route descend   pendant 3 kilomètres pour   atteindre et franchir   le Doron de Champagny, venu   d'une vallée laté-
rale,   au village du Villard (895 m.). Pendant ce trajet on jouit
déjà   d'une vue fort belle sur les montagnes de Pralognan,
et spécialement sur le majestueux Grand-Bec .Mais en
approchant du Villard, dit autrefois Goitreux, et
aujourd'hui de Pralognan, l'atmosphère est obs-
curcie par les épaisses fumées qui se dégagent
d'une importante usine d'acétylène.

Aussitôt franchi le Doron de
Champagny la route s'escarpe par
six lacets pour s'élever au niveau
de Planay (1150 m.). Ce parcours
qui se fait sur la rive droite
du Doron de Pralognan do-
mine des gorges où les eaux
ont sculpté des retraites bizarres; elles étaient connues
et visitées sous le nom de
Cascades de Ballandaz, et

Eglise de Bozel

*Vallon de
Pralognan*

méritaient
en effet l'attention
des touristes. Mais maintenant
le Doron ayant été capté pour l'usage de l'usine
du Villard, ce n'est plus que lors des très hautes eaux
qu'un trop plein donne encore un souvenir de l'ancien
spectacle.

Le village du Planay marque, comme son nom l'indique, un
palier dans l'ascension de Pralognan. A l'extrémité de sa petite
plaine, quand on a dépassé le gracieux paysage que forme l'oratoire
de Notre-Dame des Neiges dominé par les glaciers de Chasseforêt,
on entre en forêt, on traverse le torrent et la montée s'achève sous
bois. Au haut de la côte, on débouche dans le charmant vallon de
Pralognan, et l'on voit surgir devant soi, zébrée par le ruban de ses
cascades, l'énorme muraille des Marchet qui semble supporter les

glaciers de la Vanoise. A 1424 mètres d'altitude, Pralognan (Prélointain) est une vaste cuvette de prairies, entourée de toutes parts de forêts surmontées de rochers grandioses. C'est évidemment le lit d'un ancien lac dans lequel les apports glaciaires, puis torrentiels, ont nivelé le fond de la vallée, et qui s'est vidé un jour de débacle par la fente que ses eaux ont sciée vers le Planay. La petite commune de Pralognan, qui est signalée par les cartes dès 1648, s'y répartit en un certain nombre de hameaux : la Croix, les Granges, Darbellay, le Plan, l'Eglise et le Barioz. C'est à ce dernier, au fond du plateau et au pied de la montée du Col de la Vanoise, que sont les hôtels.

Pralognan fut d'abord vanté par les alpinistes qui trouvaient dans la couronne de cimes de son pourtour matière à ascensions curieuses et variées. Pendant vingt années on fit des premières ascensions dans cet intarissable massif de la Vanoise, et il n'est pas certain qu'il n'y reste encore quelque pointe secondaire inaccédée. Gens robustes, endurants, livrés facilement au sommeil par les fatigues de la journée, les visiteurs d'alors se contentaient de l'hospitalité rudimentaire que leur offrait l'auberge Favre, dite pompeusement l'Hôtel de la Vanoise. Toute primitive qu'elle était, elle paraissait magnifique à côté des installations de Bonneval, de Tignes, de Champagny, etc. C'était l'âge héroïque, et les grands grimpeurs, emportés par leur rêve, planaient un peu au-dessus des infirmités de la nature.

Mais à force de parler des beautés de ce pays, les recueils alpinistes induisirent en tentation des touristes moins ascètes. Ce fut la clameur de ceux-ci qui suscita les excellentes installations actuelles. Un homme aventureux et intelligent pensa que la profession d'hôtelier illustrée par les Seiler valait bien celle de notaire, et M. Roudier vint édifier en face du Barioz son magnifique hôtel de la Grande Casse. Quand on y trouva le confort, on y vint bientôt en masse. Au fort de la saison, malgré les 200 chambres que récèlent l'hôtel et ses annexes, on a de la peine à s'y loger. En 1902, l'hôtel du Dôme

*Hôtel de la
Grande Casse*

de Chasseforêt s'est établi ; un troisième se construit en 1906, et de nombreuses maisons au Barioz, à l'Eglise ou au Plan se sont appropriées ou bâties pour fournir aux estivants des appartements convenablement meublés. Pralognan ne se contente plus des baigneurs de Brides : il fonctionne comme station climatérique, et a ses visiteurs directs. Il possédait déjà une recette des postes et un bureau télégraphique; en 1905, il s'est doté d'une gare où arrivent les cars automobiles, et trois voyages par jour aller et retour de la gare de Moutiers à celle de Pralognan y ont déversé un flot continu d'admirateurs. Dans le grand hall de la Grande Casse on organise des concerts, des réceptions, des sauteries, on voisine d'hôtel à hôtel, et ce charmant pays est maintenant lancé sur les traces de Zermatt auquel il ressemble par tant de côtés.

Comme le fameux centre suisse, Pralognan

est orienté au Nord, au milieu de prairies verdoyantes, entourées de forêts, à l'altitude de 1400 mètres. Plus que lui, il offre un séjour paisible aux familles, des promenades anodines sous les premières pentes de la forêt, des ébats sans danger aux enfants dans sa vaste et tranquille prairie. S'il n'a pas sur son horizon la prestigieuse pyramide du Cervin, il y trouve l'étincelant Dome de Polset et surtout la superbe Grande Casse. L'alpinisme est tellement en honneur à Pralognan que l'on y comptait en 1905 quatre échoppes de cordonniers-cloutiers où affluait le travail des réparations de chaussures dures ment mises à l'épreuve par la rudesse des rochers.

Muletiers et guides y foisonnent. Parmi ceux-ci figurent en core glorieusement les deux frères Joseph et Abel Amiez qui furent les compagnons de tous les premiers dévir gineurs de cimes. Trente années d'ascensions ont émoussé un

Guide Favre

peu leurs forces, et derrière eux maintenant se lève toute la dynastie des Favre qui feraient faire l'ascension de la Grande-Casse à un cul-de-jatte.

Les médecins de Brides ont raison : après un apaisement et un entraînement de vingt jours dans la coquette station, rien ne vaut pour la santé un séjour d'une quinzaine dans les bons hôtels de Pralognan, à condition de n'y pas rester toute la journée et de passer en revue, sous l'égide des Amiez ou des Favre, tous les merveilleux belvédères des environs.

VIII

La Savoie pastorale

———

Les deux grandes vallées, Maurienne et Tarentaise, sont les deux rigoles principales qui ont irrégulièrement découpé le grand plateau savoyard. A droite et à gauche de chacune d'elles, le plateau s'est trouvé fendillé, buriné par d'autres rigoles confluentes qui ont formé les vallons secondaires de chaque bassin. Ces rigoles secondaires ont plus généralement ruisselé dans la partie méridionale de leurs bassins respectifs, et l'ensemble de la pente les entraînant de l'Est à l'Ouest, nous les trouvons aujourd'hui pour la plupart orientées au Nord-Ouest.

C'était surtout au Sud-Est du bassin de la Maurienne que le plateau s'étendait entre les crêtes d'Allevard, les massifs de l'Oisans et la chaîne sommitale. Aussi les eaux y ont-elle creusé quatre vallons secondaires et parallèles, ceux des Villards, des Arves, de Valloires et de Valmeinier.

La caractéristique de ces quatre vallons est d'avoir un cours supérieur tranquille et peu accidenté, tant qu'ils entament, à proprement parler, les restes du plateau primitif, puis une chûte brusque et un dénivellement considérable pour venir atteindre le niveau plus profondément affouillé de la vallée principale. On dirait des érosions en retard, et ce retard s'explique aisément par une plus longue conservation du revêtement glaciaire : les écoulements ont été à la fois bien postérieurs et bien moins puissants que ceux du grand courant.

Le vallon des Villards est celui qui vient rejoindre l'Arc en face de la Chambre, auprès de Saint-Etienne-de-Cuines. Entre l'assiette

Vallée des Villards
St-Colomban

de ce bourg,
à 470 mè-
tres d'altitude, et la terrasse qui porte les populeux villages de
St-Alban et de St-Colomban-des-Villards (1100 m.) il y a un ressaut
de plus de 600 mètres que le Glandon rachète par une série de
cascades et de rapides dans les profondes déchirures d'un sol noir
et schisteux. Les pentes qui l'entourent sont affreusement ravinées
et attristent le regard. Au niveau supérieur au contraire, de beaux
champs entourent les villages, et c'est avec de molles ondulations que les prairies succèdent aux cultures et se relèvent peu
à peu jusqu'aux rocs escarpés qui jaillissent, seuls témoins de
l'ancien plateau. A l'Ouest, sur la rive gauche, ce sont les cimes du
massif d'Allevard, le Clocher du Frêne (2808 m.), les Pattes, le Gley-
zin, le Puy-Gris, le Bec et le Roc-d'Arguille (2893 m.), les Crêtes de
l'Argentière. Entre chacun de ces renflements baillent des dépres-

sions, origines de vallons alpestres, passages plus ou moins faciles, plus ou moins
fréquentés entre la vallée des Villards et
celle de la Ferrière. A l'Est, ce sont les
croupes herbeuses des contreforts de
l'Ouglion.

Dans ce cadre ondulent les terres des

*Village de
St-Colomban*

Villards arrosées par
le ruisseau du Glandon et
ses innombrables tributaires.

Une route carrossable, parcourue tous les jours
en belle saison par un service régulier de cars-alpins, remonte
toute la vallée depuis la gare de Saint-Avre-la-Chambre jusqu'au Col
du Glandon (1980 m.), par lequel elle communique avec la vallée de
l'Eau-d'Olle, en Oisans. Un embranchement de cette route la rattache
à St-Alban, et elle passe au milieu même de Saint-Colomban. Ces
chef-lieux de communes sont des centres administratifs et religieux,
mais la population est toute disséminée dans une foule de hameaux
épars, et surtout l'été dans les hauts chalets de la montagne, entre
1800 et 2200 mètres d'altitude, où elle se livre à l'élevage et aux
travaux de la vie pastorale.

Du col du Glandon, une promenade de moins de trois kilomètres dans des prairies embaumées au revers méridional de la
Pointe de l'Ouglion (2436 m.) conduit au Col de la
Croix-de-Fer (2088 m.), origine de la vallée
d'Arves.

Chalet du Glandon

Dans ce site charmant et grandiose, à la
croisée des routes qui relient ces
deux vallons savoyards à la vallée

9

dauphinoise de l'Eau d'Olle, un embryon d'hôtel s'est installé, qui
va être obligé de s'agrandir sous l'afflux répété des visiteurs. Sa
situation privilégiée, à l'abri des vents, en pleine Alpe fleurie, point
de départ pour les escalades des Crêtes de l'Argentière et les excursions des Grandes Rousses, lui assure un avenir comparable à celui
des hôtels du Lautaret, et bientôt sans doute nous y verrons s'élever
la grande et confortable construction dont il est digne.

La vallée d'Arves n'a point l'unité de direction de la vallée des
Villards. Toute sa partie supérieure, large et plantureuse, du Col de
la Croix-de-Fer au village d'Entraigues, est dirigée vers l'Est ; d'Entraigues à St-Jean-de-Maurienne, son torrent, l'Arvant, coule au Nord
au fond de gorges presque inaccessibles. Aussi la route qui y donne
accès en remontant le cours des eaux est-elle une récente conquête
de l'art des ingénieurs et de l'emploi des explosifs, et ne présente-
t-elle d'ailleurs qu'une sécurité relative. L'accès ancien, et toujours
le plus pratiqué, de la vallée d'Arves se faisait en empruntant un
petit vallon intermédiaire, celui de Villarembert et de Fontcouverte,
encaissé entre le flanc oriental de l'Ouglion et le Mont Charvin : la
route muletière de St-Jean-d'Arves à St-Jean-de-Maurienne par le
Col d'Arves (1754 m.) est la route des piétons et des bestiaux. Les
charrois seuls se hasardent à la route de l'Arvant.

Le panorama du col d'Arves a été vanté et dessiné dès 1856 par
le naturaliste suisse Gottlieb Studer. La vue est encore plus belle du
sommet du Mont Charvin (2207 m.) et embrasse toute la magnifique
enceinte de la vallée depuis les trois Aiguilles-d'Arves (3509 m.) et le
massif de la Saussaz jusqu'à l'étincelante croupe de l'Etendard, dit
ici le Grand Costa-Blanc (3473 m.), et aux dentelures des montagnes
des Sept-Laux ; par le col de Martignare on en distingue la fière
pointe de la Meidje, et au Nord, de l'autre côté de la vallée de l'Arc,
ce sont toutes les crêtes de Celliers, du Cheval Noir, des Encombres
qui précèdent les glaciers de la Vanoise.

A l'origine de la vallée, au pied du Col de la Croix-de-Fer, Saint-
Sorlin-d'Arves éparpille ses hameaux et leurs maisons à l'altitude

VILLAGE D'ENTRAIGUES EN ARVE

COL DE LA CROIX DE FER

AIGUILLES D'ARVES

VALLÉE D'ARVES

moyenne de 1600 mètres. Dans le village principal, une église d'aspect ordinaire, renferme une décoration polychrôme harmonieuse et un beau rétable en bois sculpté et doré. Bien que la route soit achevée jusqu'au hameau le plus élevé, Saint-Sorlin ne connaît pas le roulage qui s'arrête encore au Chambon, au-dessous de la Tour de St-Jean d'Arves. Fidèles à leurs vieilles coutumes, ses habitants n'emploient que le mulet comme moyen de transport. Mais il faut voir les bons et solides mulets qu'ils possèdent ! Bêtes au pied sûr et à l'échine robuste, ils transportent leurs deux quintaux sans se mouiller le poil. Balles de foin, bois, matériaux de construction, pommes de terre, voire même barils de vin montés de St-Jean-de-Maurienne, ou belles filles aux éclatants costumes, tout circule sur le baudet ; et l'aisance de ces montagnards est si grande sur leur monture que les femmes cheminent ainsi en tricotant des bas.

St-Jean-d'Arves est la principale commune de la vallée ; mais il est, lui aussi, tellement éparpillé que le hameau central, dit la Tour, ne se compose que de l'église, de la mairie, du presbytère, de la caserne de gendarmerie et des deux auberges. On l'appelle la Tour parce que la caserne de gendarmerie est bâtie sur les anciennes fondations du château des évêques de St-Jean-de-Maurienne, château qui fut brûlé lors de la révolte de 1327 et ne fut jamais rétabli. Dans l'église on remarque un beau tableau d'autel et un rétable sculpté.

Sur cette magnifique terrasse de 1570 mètres d'altitude, au flanc sud du Mont Charvin, où se succèdent les villages du Villard, de la Tour, du Mollard, du Collet, de la Chal, etc., il est vraiment dommage qu'on ne trouve aucun hôtel propre et convenable, car ce serait une admirable station climatérique, un centre de villégiature estivale des mieux dotés. Mais pour le moment, il faut la rusticité des Arvains et la solidité de leur estomac pour pouvoir fréquenter les établissements qui existent.

La chaîne des Aiguilles d'Arves avec son prolongement par l'Aiguille de l'Epaisseur, le Mont Pellard, le Gros Grenier et la Grande Chèble, sépare la vallée d'Arves de celle de Valloires.

St-Jean d'Arves

Ici encore le dénivellement entre le vallon supérieur et la petite plaine de St-Michel-de-Maurienne est tel que l'on ne peut suivre les cascades de la Valloirette, et que la route est obligée de remonter au Col des Trois-Fontaines (1550 m.) pour décrire ses lacets dans la combe de St-Martin-d'Arc.

Toute la vallée de Valloires, nom que les étymologistes font dériver de *Vallis ovium,* vallée des moutons, est entièrement déboisée. Une vieille légende veut que les forêts qui la couvraient aient été incendiées pour en chasser les bêtes féroces ou les brigands. L'aspect général de la vallée est beaucoup moins gracieux que celui de la vallée d'Arves, mais le confortable y est bien supérieur, et dans le village de Valloires, agglomération assez importante, on compte

Valloires en Maurienne

trois hôtels convenables qui reçoivent beaucoup de pensionnaires pendant la belle saison.

En amont de Valloires, le vallon se bifurque : la branche orientale, moins importante, n'a pour issue qu'un col d'alpinistes, le col de l'Aiguille Noire (2725 m.); la combe occidentale aboutit au col

Voiture du Galibier

Vallée supérieure de Valloires

des Rochilles (2451 m.) qui la relie à la vallée de Névache, et aux cols de la Ponsonnière et du Galibier qui conduisent dans la vallée de la Guisanne. Par le col du Galibier (2658 m.), une voiture publique fait tous les jours pendant la belle saison le trajet de l'Hospice du Lautaret à la gare de St-Michel-de-Maurienne et donne une grande facilité à la fréquentation de cette vallée. Notons que c'est du village de Bonnenuit, en amont de Valloires, que les alpinistes partent le plus souvent pour faire l'ascension de l'Aiguille Centrale d'Arves (3509 m.) et des deux pointes de l'Aiguille Septentrionale.

Les habitants de la vallée de Valloires s'expatrient pendant l'hiver pour aller au commerce.

Plus à l'Est, et avec des caractères identiques, est la vallée de Valmeinier qui prend naissance au pied du Mont Thabor (3182 m.) et vient aussi à St-Michel-de-Maurienne opérer sa jonction avec la vallée de l'Arc. Le rayonnement de notre plateau se termine avec la déserte Vallée Etroite qui descend aussi du mont Thabor et aboutit à Modane en longeant la chaîne sommitale.

Entrée de la vallée de Belleville

Le bassin de la Tarentaise présente la même physionomie, et sa partie méridionale se répartit également à un niveau assez élevé entre les vallons des Avanchers, de Belleville, des Allues et de Saint-Bon.

Le vallon des Avanchers qui rejoint la vallée de l'Isère à Aigueblanche, et celui de Saint-Bon qui atteint le Doron en face de Bozel ne présentent rien de particulièrement remarquable.

Le vallon de Belleville qui, comme nous l'avons vu, vient rejoindre le Doron en amont de Salins par une gorge étroite et escarpée s'élargit et s'étale en patte d'oie dans sa partie supérieure. Là le plateau primitif présente trois dépressions : à l'Ouest le vallon de St-Jean-de-Belleville compris entre les dentelures de Crève-Tête, du Cheval Noir, du Grand Coin, de la Grande Moenda et du Rocher des Planchettes. Ses écoulements forment le Nant-Brun. — Au centre, le vallon des Encombres très allongé, remonte jusqu'au Grand Perron des Encombres et au Collet Blanc. Il communique avec la Maurienne par les cols du Chatelard et des Encombres, et donne naissance au torrent des Encombres. — A l'Est, le vallon de St-Martin-de-Belleville et de St-Marcel s'allonge jusqu'aux glaciers de Péclet et de Thorens, et les eaux qui s'écoulent de ses pelouses forment le ruisseau le Merlerel. Ces trois cours d'eau réunis font le torrent de Belleville.

Nous avons vu que cette vallée a fourni les plus anciens documents de l'existence de l'homme. M. Borrel, dans ses Monuments anciens de la Tarentaise, décrit un cimetière gallo-romain découvert sur le territoire de la commune de St-Jean-de-Belleville, près de la chapelle de Notre-Dame-des-Graces, et une pierre levée à Villarenger. Son niveau moyen est à 1500 mètres d'altitude, et elle présente une superficie de pâturages plus étendue que la plupart des autres vallées savoyardes. Les chalets supérieurs jusqu'à l'altitude de 2000 et 2200 mètres sont bien batis, en maçonnerie, ainsi qu'il convient à des demeures qui abritent leurs habitants pendant une bonne moitié de l'année.

A St-Marcel on a trouvé une statue grossière que les archéolo-

VILLAGE DE St-MARCEL DE BELLEVILLE

VILLAGE DE St-MARTIN DE BELLEVILLE

NOTRE-DAME DE LA VIE

PLACE DU VILLAGE DES ALLUES

gues font remonter à la période qui précéda l'introduction du christianisme en Savoie, et près de Saint-Martin on révère le sanctuaire de Notre-Dame de la Vie, riche chapelle à plus de 1500 mètres d'altitude qui est l'objet de pélerinages très fréquentés.

Plus à l'Est encore est la vallée des Allues au niveau de laquelle on s'élève de Brides par une côte très raide, puis qui présente pendant une dizaine de kilomètres une pente presque insensible. Le ruisseau des Allues prend sa naissance au grand glacier de Gébroulaz, au pied de l'Aiguille de Péclet (3566 m), et il écoule les pentes de l'Aiguille escarpée du Fruit (3056 m.), de la Croix de Verdon ou Dent de Burgin (2747 m.) belvédère renommé, du Roc d'Enfer, du Rocher de la Lune, etc.

Toutes ces vallées des hauts plateaux tant mauriennais que tarins sont essentiellement pastorales. Leur situation reculée ne leur permet pas de faire le commerce du lait, si fructueux dans un certain périmètre autour des villes, mais elles se livrent à la fabrication des fromages et surtout à l'élevage des bestiaux. Les taureaux et les génisses sont du foin qui se récolte et se transporte tout seul et les pâturages sont d'ordinaire assez bien situés et en pente assez douce pour qu'on ne soit pas obligé d'y appliquer la fâcheuse exploitation des moutons.

Ces populations robustes qui vivent disséminées dans leurs chalets pendant la plus grande partie de l'année sont extrèmement attachées à leurs coutumes. Les anciens costumes nationaux ont été tout particulièrement conservés dans les vallées des Villards, de Fontcouverte, des Arves et des Allues.

Les hommes commencent à le quitter : déjà on ne voit plus les culottes courtes et les longs bas de laine montant sur le genou, et les vieillards sont seuls à arborer encore l'habit de drap blanc tissé dans le pays. Mais les femmes ont toujours la coquetterie de leurs grandes coiffes et de leurs jupes et corsages multicolores. Il y a dans chaque village deux costumes : celui de travail qui sert aux champs, et celui de fêtes que l'on ne déploie que le Dimanche. Il est déjà curieux de rencontrer une troupe de faneuses ; mais le coup d'œil vraiment intéressant est celui de la sortie de la messe. Des villages les plus éloignés, même des chalets, les femmes viennent toutes parées à l'église ; elles font en même temps leurs achats au village principal où sont généralement groupés les commerçants. Celles qui ont un long trajet à parcourir, le font le plus souvent à mulets. Elles montent bravement à califourchon, et c'est chose curieuse que de rencontrer une ménagère, parée de tous ses bijoux et revêtue de ses plus beaux atours, se dodelinant sans étriers au pas cadencé de sa monture.

Foire à
Fontcouverte

La jupe, assez courte, ne descendant pas plus bas que la cheville, est toujours d'une grosse étoffe de laine foncée, sorte de petit drap dite droguet. La coiffure, souvent très compliquée, a pour partie principale une pièce de lingerie blanche empesée et plus ou moins plissée, tantôt horizontale et ailleurs verticale. Aux Allues comme dans la Haute-Maurienne ou la Haute-Tarentaise, le corsage est de la même étoffe que la jupe, mais recouvert d'un fichu de couleur voyante, et le dimanche d'un foulard de soie multicolore.

Le costume de la vallée d'Arves mérite une description particulière.

C'est à la coiffe que l'on distingue au premier coup d'œil la femme

de St-Jean-d'Arves de la femme de St-Sorlin. La coiffe de St-Jean
est toute simple : elle est entièrement plissée et se rabat en rond sur
le front, mais elle est surmontée d'une dentelle qui se redresse
bouffante et forme comme une gloire autour du visage. La coiffe
de St-Sorlin a sa dentelle plissée de chaque côté de la tête, mais
non sur la tête elle-même; elle est fortement empesée et s'avance
horizontale sur le front, comme une visière de casquette.

Le derrière de la coiffe à St-Jean-d'Arves est maintenu par un
cercle de fil de fer simplement recouvert de toile blanche plissée;
tandis qu'à St-Sorlin il est formé d'un tulle blanc très transparent,
sous lequel on glisse des morceaux de papier clinquant rouge-sang,
ou vert-épinard, ou blanc argenté, tantôt en forme de cœur, tantôt
en forme de croix, d'étoile, d'ancre, etc. avec de multiples
détours d'un galon blanc étroit que l'on appelle les repelis.

La robe présente moins de différences : cependant à
St-Sorlin les manches portent des parements de huit centimètres de hauteur garnis de rubans et de galons repelis : à
St-Jean, elles sont simplement bordées d'un ruban rouge
étroit. Dans les deux paroisses la jupe se monte en forme
cloche, évasée dans le bas pour permettre l'équitation, et
disposée en gros plis plats verticaux. Elle porte en outre à
la base un certain nombre de plis plats horizontaux en
forme de baigneuses, et le nombre des plis varie avec l'opu-
lence de la propriétaire de la jupe.

La pièce de vêtement la plus caractéristique
est la ceinture. Elle se porte sur la robe et fait
un peu l'office d'un corset bas : elle prend sur
les hanches, et soutient la poitrine. Elle est faite
en gros drap, tête de pièce de tissage, et on y lit
les inscriptions bizarres de provenance: Elbœuf,
Sedan, Belle Jardinière, Bon Marché, etc. avec
le numéro; les plus compliquées sont les plus
recherchées. La ceinture à St-Sorlin est plus

large et aussi plus ornée qu'à St-Jean-d'Arves : elle y atteint vingt-cinq centimètres environ et se trouve surchargée de rubans rouges et verts avec des repelis. Les deux extrémités ˙de la ceinture sont réunies sur la poitrine par des chaînettes de fil de laiton ou d'argent dont le nombre varie de 25 à 30.

Sur la jupe les femmes portent encore un tablier qui à St-Sorlin est garni de galons étroits et de repelis de couleurs voyantes.

Le costume de travail est un vieux costume défraîchi auquel on a enlevé les rubans et les galons : le tablier est alors de grosse toile et les manches sont retroussées.

Les bijoux se composent d'anneaux aux doigts, d'un gros cœur et d'une croix jeannette, d'or ou d'argent, suspendus au cou et sur la poitrine par un ruban de velours noir : les grandes boucles d'oreilles en pendeloques qui en étaient le complément sont maintenant moins portées qu'autrefois.

De taille élevée, endurcis par leur vie pénible, ces montagnards sont généralement fiers, réservés, tenaces et de mœurs austères. On sait que la sanglante révole des Arves en 1326 fut provoquée par le vieux droit de cuissage que les gens de l'évêque voulaient exercer trop littéralement. Les femmes sont, en apparence du moins, droites, sèches, osseuses, plus formées pour le travail que pour le plaisir. Elles ne regardent d'ailleurs l'étranger qu'avec défiance, et elles évitent généralement la rencontre des touristes. Gênées sans doute par l'attention qu'attire leur costume, elles ne sortent guère de leurs villages que pour aller aux grandes foires de Saint-Jean ou de Saint-Michel. Dans cet heureux pays des Arves, les familles nombreuses sont fréquentes, et les naissances illégitimes y sont extrêmement rares.

La Vanoise

Les deux longues et populeuses vallées de la Maurienne et de la Tarentaise sont depuis leur origine, à Bonneval et à Val d'Isère, jusqu'à leur confluent, à Chamousset, séparées par une haute et puissante chaîne qui se développe sur une longueur de plus de 100 kilomètres. Pour faciliter les relations, l'homme industrieux a cherché des brèches dans ce rempart, et il en a trouvé quatre principales : le Col d'Iseran (2769 m.), le Col de la Vanoise (2527 m.), le Col des Encombres (2337 m.) et le Col de la Madeleine (1984 m.).

Les trois premiers ont été dès longtemps occupés par un chemin muletier, et une ordonnance du duc de Savoie Charles-Emmanuel, datée du 22 Juillet 1667, ordonnait de les remettre en état.

Pour les passages, l'altitude n'est pas toujours un élément prédominant. La proximité des centres, la facilité des approches, le raccord des voies de communication, y ont parfois plus d'importance, et ces divers facteurs ont fait du Col de la Vanoise la véritable route entre les deux vallées. Combinée avec le Col du Mont-Cenis, c'était le chemin de Moûtiers à Turin.

Au point de vue des difficultés matérielles, ce chemin était assez satisfaisant. Il dut être tracé et fréquenté depuis une haute antiquité ; la première mention que nous en trouvons est celle de la carte de Sanson d'Abbeville, *Haute-Lombardie et pays circonvoisins (1648)*, qui le marque avec une croix de col. Mais sa constitution et son orientation le rendent très exposé aux perturbations atmosphériques qui peuvent y devenir un terrible danger. La partie supérieure du

VALLON DE PRALOGNAN ET MONTÉE DE LA VANOISE

PATURAGE DE LA GLIÈRE DE PRALOGNAN

col est une sorte de plateau ondulé de trois kilomètres de long sur
7 à 800 mètres de largeur moyenne, aux pentes assez indécises pour
que les eaux s'y arrêtent en cinq lacs principaux et un certain nombre
de marécages. Cette ouverture orientée presque exactement dans la
direction de l'Est à l'Ouest, enfermée entre les hautes murailles de
la Grande-Casse (3866 m.) au Nord et les pentes rapides de la
Réchasse (3223 m.) au Sud, forme une sorte de fossé gigantesque où
s'amasse la neige, et laisse un libre passage au vent d'Ouest, que
l'on nomme dans le pays la *vanoise*, et qui a donné son nom au col
et par extension à tout le massif. Ce vent s'y engouffre en tourmente,
il soulève la neige en tourbillons glacés, et le malheureux voyageur
qui est surpris par un de ces orages, cerné par les brouillards, aveu-
glé et transi, risque fort de perdre sa direction et d'errer jusqu'à épui-
sement dans un nuage impalpable et décevant. Pour y parer autant
que possible, la route muletière est jalonnée à très courts intervalles
de poteaux assez élevés pour dépasser les couches de neige ordinaires,
mais il est néanmoins fort prudent de ne pas affronter le passage par
les trop mauvais temps.

Pour les touristes venant de Moûtiers ou de Brides, c'est à Pralognan que commence la montée de la Vanoise. A deux ou trois cents
mètres en amont du hameau du Barioz, à la lisière de la forêt, s'opère
la jonction du ruisseau du Grand Marchet, écoulement de la terrasse
des lacs, qui descend en bonds gigantesques du haut de sa muraille,
avec le torrent de la Vanoise. Celui-ci décrit dans le fond inaccessible
d'une gorge presque invisible une magnifique cascade qu'il n'est
point aisé d'aller admirer de près. Aussi pour le remonter, la voie
muletière qui part du Barioz s'élève-t-elle par un détour fort rapide
qui l'amène en quelques lacets scabreux sur la terrasse des Fontanettes. Au départ, on a laissé sur la gauche une petite chapelle dont
une inscription bien conservée nous fait connaître qu'elle fut consacrée à Notre-Dame des Sept-Douleurs, le 26 Juillet 1738.

Sur le petit plateau des Fontanettes, la route s'insinue entre
cinq ou six chalets, mi-partie pastoraux et mi-partie forestiers, puis

elle pénètre dans une belle forêt de sapins qui s'étend plus ample à gauche sur les flancs du Mont Bochor. Une demi-heure suffit à la traverser et à parvenir dans le grandiose vallon de la Glière. Ici on commence à pénétrer dans les retraites intimes de la montagne. Un pâturage verdoyant, desservi par trois chalets et animé par les sonnailles d'une centaine de vaches, sert de piédestal à ces reines alpestres qui sont les Aiguilles de la Glière, l'Aiguille de Lepéna et l'Aiguille de la Vanoise se profilant sur l'austère Grande-Casse.

On traverse le ruisseau que l'on a rejoint et qui se forme ici d'une multitude de cascatelles, et laissant à droite le sentier abrégé de l'Arselin, on gravit en lacets une côte de prairie émaillée de fleurs, pour arriver à l'ancien lit desséché du lac des Vaches. On touche maintenant à la moraine frontale du glacier de la Grande-Casse que l'on gravit en trois zig-zags, et contournant la base de l'Aiguille de la Vanoise, on arrive au bord du lac Long et bientôt au plateau de la Vanoise.

La voie muletière laisse à une trentaine de mètres à droite l'Hôtel dont nous parlerons tout-à-l'heure, et se poursuit sur le plateau, en majeure partie gazonné malgré son altitude (2527 m.).

On est trop rapproché de la base de la Grande-Casse pour en admirer les proportions, et l'on ne voit guère du côté du Nord que les moraines du Glacier des Grands-Couloirs, mais la Pointe de la Réchasse, qui s'avance comme une barrière, attire les regards. Le paysage est sévère mais plein de grandeur. On côtoie le lac Rond, puis, à l'extrémité orientale du Col, on voit s'ouvrir sous ses pieds la gorge profonde du Doron. (Dans cette région, tous les cours d'eau sont des Doron.)

Vers le Nord l'œil embrasse la longue et pierreuse vallée de la Leisse se heurtant à la belle croupe neigeuse de la Grande-Motte (3663 m.) et encadrée entre les escarpements noirâtres, schisteux et ruinés de la Grande-Casse et les pentes non moins désolées de la Pointe de la Sana (3450 m.) et de ses contreforts.

On descend dans cet entonnoir par quelques lacets pressés et,

Grande Motte et vallon de la Leisse

au bord du tor- rent, on parvient à un village de chalets très justement nommé Entre-deux- Eaux (2195 m.).

De cette station alpestre où l'on ne trouve encore qu'une très rudimentaire hospitalité, il est fort difficile de descendre par la gorge que se sont frayées les eaux. Franchissant l'émissaire du vallon de la Rocheure, plus verdoyant et plus habité que celui de la Leisse, la route remonte à l'oratoire St-Barthélemy et à la terrasse herbeuse et marécageuse dite le Plan-des-Eaux (2383 m.), d'où l'on jouit d'une admirable vue sur le flanc méridional de la Grande Casse et sur tout le versant mauriennais du massif de Chasseforêt. Très analogue au plateau de la Vanoise, quoique moins encaissé, le Plan-des-Eaux s'allonge pendant plus de deux kilomètres, puis, auprès des chalets de Cha- vière et de la chapelle Sainte-Mar-

Refuge des Lacs

guerite, la voie muletière accentue sa descente dans un vallon boisé, rejoint au hameau du Villard la gorge qui vient d'Entre-deux-Eaux, et atteint enfin Termignon (1280 m.) sur la route du Mont-Cenis.

Supplantée par les facilités de parcours du fond des vallées, la route de la Vanoise n'est plus une voie d'échange, mais c'est toujours une charmante excursion pratiquée chaque année par des centaines de touristes désireux de goûter sans peine les joies et les émotions de la grande montagne.

· Elle est surtout fréquemment suivie par les vaillants défenseurs de la frontière, les intrépides alpins qui font leurs manœuvres d'été dans le secteur de Modane-Lans-le-bourg. Leurs principales évolutions ont lieu de l'autre côté de l'Arc, sur les flancs de la chaîne sommitale, mais, comme il faut tout connaître pour pouvoir utilement tout garder, la vallée de Pralognan reçoit souvent leurs visites, et c'est tantôt par la Vanoise, tantôt par les cols d'Aussois et de Chavière que défilent leurs martiales théories.

Un précieux encouragement dans leurs rudes travaux leur a été donné en 1897 par le Président de la République.

M. Félix Faure, après la fameuse Revue du Replat des Canons, par une décision inopinée, tint à franchir lui-même le Col de la Vanoise.

Nous ne pouvons mieux faire que de prendre dans le récit officiel du Voyage du Président, par MM. Paul Belon et Gers, le compte-rendu de cette journée historique du 7 août 1897 :

« Nous quittons Termignon à 4 heures, et dans la fraîcheur matinale, en aspirant à pleins poumons l'air vivifiant où passent les senteurs de la flore alpestre, notre monôme de mulets commence à gravir les premiers escarpements du massif de la Vanoise. Cette fois nous précédons M. Félix Faure qui suit trois-quarts d'heure plus tard le même chemin.

« M. Félix Faure a pris cette fois le costume complet de l'alpiniste, et il a remplacé le chapeau blanc par le béret bleu : le général Billot a également substitué le béret au képi. Les autres officiers ont conservé la coiffure habituelle.

Lac des Assiettes et
Glacier des
Grands Couloirs

« Des mulets portant des tables et des chaises et dans des paniers le menu du déjeuner, suivaient à quelques centaines de mètres.

« M. Félix Faure n'a pas quitté un seul instant la route normale, et c'est de cette route qu'il a pu assister à diverses phases de la manœuvre, manœuvre qui n'a pu en réalité, faute de temps, avoir tout le développement qu'elle devait comporter.

« M. Félix Faure et sa suite ont enfourché comme nous des mulets, les montures de montagne par excellence. M. Boucher le ministre du commerce qui suit incognito les manœuvres alpines, accompagne le président de la République, et se dispose comme lui à franchir le col de la Vanoise.

« Pendant que nous grimpons les pentes, l'opération militaire se déroule.

« On éprouve une grande satisfaction en apercevant à des hauteurs invraisemblables des canonniers tirant à mitraille, et sur des pics terrifiants des chasseurs exécutant des feux de salve. On se demande sérieusement s'ils y sont allés en ballon. Les colonnes du général Robillard renouvellent aujourd'hui leurs prouesses à ce point de vue spécial. La partie la plus intéressante de la manœuvre devait être la marche du 12ᵉ bataillon de chasseurs qui s'était porté hier aux Granges de l'Arpont, afin de pénétrer dès la première heure dans les glaciers de la Vanoise où il aurait coupé la retraite de l'adversaire.

« Ce bataillon qui est spécialement entraîné pour des tentatives de cette nature, a exécuté son mouvement, les hommes attachés entre eux par une corde ; mais la distance était trop longue, et la sonnerie du rassemblement a retenti avant que le 12ᵉ chasseurs eût atteint la Pointe de la Réchasse.

« Après la manœuvre, les tables ont été dressées et le repas a été servi au milieu du col, à 2527 m. d'altitude, en face des resplendissants glaciers de la Vanoise, au bord du lac Rond.

« A midi un quart, M. Félix Faure repart. Il sort du col à mulet, et se dirige, tantôt à pied et tantôt à mulet, sur Pralognan où il arrive à trois heures.

« M. Félix Faure se repose une heure et demie à Pralognan. Il fait atteler des voitures pour franchir les 27 kilomètres qui le séparent encore de Moûtiers où il arrive à sept heures. »

Les conditions dans lesquelles le regretté Président de la République avait exécuté cette excursion au milieu d'une pompe guerrière n'étaient point banales, et le souvenir en valait la peine d'être conservé. En commémoration de cet événement on a scellé dans la façade de l'hôtel qui s'élève maintenant non loin de l'emplacement du déjeuner présidentiel une inscription ainsi conçue :

FÉLIX FAVRE
PRÉSIDENT DE LA RÉPVBLIQUE FRANÇAISE,
LE GÉNÉRAL BILLOT, MINISTRE DE LA GVERRE,
HENRY BOVCHER, MINISTRE DV COMMERCE,
LES GÉNÉRAVX
COIFFÉ, CAILLOT, ZVRLINDEN,
DE BOIDEFFRE, ZÉDÉ, DE VERDIÈRE, HAGRON
ET LEVRS ÉTATS-MAJORS
ONT FRANCHI LE COL DE LA VANOISE
LE 7 AOVT 1897.

Ce col de la Vanoise, intercalé entre les massifs de Chasse-forêt et de la Grande-Casse, à proximité de ceux des Aiguilles de la Glière et du Grand-Bec, était un lieu trop bien désigné par la nature comme centre d'excursions pour n'avoir pas appelé l'attention du Club Alpin Français.

Dès ses premières années d'existence la section de Tarentaise plantait à l'Ouest du lac des Assiettes un petit Refuge qui fut bien humidement inauguré le 2 août 1878.

Son insuffisance étant devenue flagrante, elle l'a remplacé en 1901 par un grand chalet-hôtel placé sous le patronage de M. Félix Faure, et qu'elle a inauguré le 16 août 1902. Des agrandissements et améliorations y ont été apportés depuis, et c'est maintenant, sous l'habile direction de Couttet, un véritable hôtel, avec une vingtaine de bons lits et une table des plus confortable.

Désormais, grâce à ce point de départ ou d'arrivée, toutes les excursions de ce massif si plein de grandioses beautés deviennent faciles.

Le passage du Col de la Grande-Casse (3100m.), ouvert naguère dans ces montagnes par les intrépides frères Puiseux, et conduisant par le glacier du même nom au milieu de paysages merveilleux du vallon de la Glière dans la haute vallée de Champagny, était réputé dangereux parce qu'aux premières chaleurs du jour il était exposé aux avalanches et aux canonnades de la muraille Nord de la Grande-Casse. Il est facile maintenant en partant à 4 heures du matin du Refuge Félix Faure d'avoir franchi avant toute chaleur les passages exposés et de jouir en paix du charme de cette haute promenade.

L'intéressante escalade des Aiguilles de la Glière (3313 et 3366 m.) peut se faire avant déjeuner. Celle de l'Aiguille de la Vanoise (2812 m.), belvédère très saisissant, est un hors-d'œuvre, et celle de la Pointe de la Réchasse (3223 m.), à la vue splendide, est une promenade de dames.

En fait de grandes excursions, les deux plus pratiquées sont la traversée des glaciers de la Vanoise dans leur longueur, et l'ascension de la Grande-Casse.

Refuge
Félix Faure

La première se fait au départ de Pra-
lognan en remontant jusqu'aux chalets des Prioux, la belle et luxu-
riante vallée de Chavière. On quitte alors le chemin du col de Chavière
et pénétrant dans une combe pratiquée dans le massif principal entre
le Roc du Pommier-Blanc et le Pic de la Vieille-Femme, on atteint
le Refuge des Lacs, construction solide et trapue édifiée à 2665 m.
d'altitude par le Club Alpin. Là on quitte les mulets, et on
s'élève par de faciles pentes de débris sur le plateau supérieur du glacier d'où l'on atteint sans peine le Dôme
de Chasseforêt. Tournant ensuite au Nord, on traverse
dans toute leur longueur, au milieu de scènes
d'une majesté incomparable, les glaciers de Chasseforêt, de l'Arselin et de la Réchasse passant
auprès de la Pointe du Dard et du Mont
Pelvoz et on vient, en sept à huit heures du Refuge des Lacs, descendre sur l'Hôtel Félix-Faure.
Les pentes sont douces,
les crevasses
presque insen-

Une page du registre de la Vanoise

sibles à la calotte, et sous les auspices des bons guides de Pralognan, d'Aussois ou de Bonneval, n'importe quel touriste peut acquérir là d'ineffaçables impressions.

L'ascension de la Grande-Casse est toujours une aventure sérieuse.

Il ne faut pas oublier qu'entreprise dans de mauvaises conditions elle a coûté la vie le 3 juillet 1899 au lieutenant Porcher et à l'adjudant Rozier dont le pieux monument s'élève sur un monticule à quelques mètres de l'hôtel.

Les grandes dames de plus de 3800 mètres ne veulent être abordées qu'avec de suffisants égards.

La première ascension en fut faite le 8 août 1860 par l'alpiniste anglais William Mathews au départ du Col de la Vanoise par le glacier des Grands-Couloirs et les rochers de sa rive droite. Le second, le grimpeur français Henry Cordier réussit l'escalade le 27 juillet 1876, en se tenant toujours sur les rochers. Nous montâmes le 11 août 1879 par le glacier, mais sans pouvoir, à cause de l'état de la neige, atteindre la plus haute cîme. MM. Arnollet et Greyfié de Bellecombe cherchèrent le 22 août 1883 un autre accès, et s'élevant par les couloirs schisteux de la face méridionale, parvinrent à la cîme 3806 et à la selle de la Grande-Casse.

MM. Puiseux frères, qui ont tant fait pour la connaissance de ces montagnes, attaquèrent le 6 août 1887 la terrible face Nord, et gravissant au-dessus du Col de la Grande-Casse couloirs et rochers avec une indomptable ténacité, arrivèrent à la cîme par ce chemin audacieux. Le 23 août 1894, le lieutenant Messimy, avec le guide Blanc le Greffier, exécutait une variante de l'ascension Arnollet. Enfin la formidable arête qui unit la Grande-Casse à l'Est avec la Grande-Motte a été gravie le 23 septembre 1900 par l'alpiniste italien Agostino Ferrari avec les guides piémontais Edouard Sibille et Pierre Damé, et l'année suivante, le 19 juillet, ce même itinéraire était parcouru à la descente par les anglais A. M. Bartleet et H. J. Mothersill, avec les guides Maximin Gaspard, de l'Oisans, et Adolf et Josef Schaller.

Toutes les faces de ce colosse savoyard ont donc été visitées

11

et escaladées, mais aucun des nouveaux itinéraires n'a détroné l'ancien et c'est toujours par le Col de la Vanoise et par le glacier des Grands-Couloirs que montent les alpinistes qui ne sont pas des dilettanti de la difficulté.

———

Des |douces rives du lac du Bourget nous nous sommes ainsi graduellement élevés jusqu'au sommet du pic le plus hardi qui dresse sa crête sourcilleuse entre le majestueux Mont-Blanc et les géants du Dauphiné. Là, suivant l'expression consacrée, le regard étreint l'espace et ceux qui peuvent y planer par un beau jour y vivent des minutes inoubliables.

Nous arrêterons à ce merveilleux belvédère notre revue des beautés de la terre savoyarde, regrettant d'avoir été dans la nécessité de les condenser ainsi, mais comptant sur le prestigieux appui de la photographie pour en faire apprécier à nos lecteurs le charme pénétrant et l'incomparable séduction.

Le lac du Bourget à Portot

TABLE DES MATIÈRES

Relevés photographiques de l'auteur.

LIBRAIRIE ALPINE
ALEXANDRE GRATIER & JULES REY, Éditeurs
23, Grand'Rue -- GRENOBLE

En préparation pour paraître en 1908

HENRI FERRAND. — *Le Pays Briançonnais*. Névache, Le
Queyras, Mt-Viso. Beau volume in-4°, illustré en phototypie, format 33 × 25 1/2.

    Prix de souscription : Broché **20.**-, cart. **25.**-, relié . Fr. **30,**—

    Quelques exemplaires amateur avec suite de gravures. . » **50.**—

*Les souscripteurs à cet ouvrage auront droit au prix de souscrip-
tion, fr. 20.— broché pour* LE VERCORS *et* D'AIX-LES-BAINS A LA VANOISE
du même auteur dont le prix de vente est de fr. 25.—

OUVRAGES DE LA MÊME SERIE :

HENRI FERRAND. — *Le Vercors*, in-4° . . . . » **25.**—

   —   *d'Aix-les-Bains à la Vanoise* . . . » **25.**—

   —   *La Chartreuse*. . . . . » épuisé

   —   *L'Oisans*. . . . . » »

   —   *Belledonne et les Sept-Laux* . . . . » »

BAUD-BOVY. — *Le Mont-Blanc*. . . . . » »

    Ces quatre derniers volumes épuisés se vendent de **30**
à **40** fr. le volume isolé.

Les Alpes du Dauphiné, comprenant : LA CHARTREUSE,
LE VERCORS, L'OISANS et BELLEDONNE ET LES SEPT-LAUX
de *Henri Ferrand*, 4 vol. réunis en une reliure d'amateur . » **150.**—

Les Alpes de Savoie contenant le MONT-BLANC de *Baud-
Bovy* et D'AIX-LES-BAINS A LA VANOISE de *Henri Ferrand*,
2 vol. réunis en un in-4°, reliure amateur . . . . . . » **75.**—

Pour paraître en 1907

LES MAITRES DE LA MONTAGNE

DANIEL BAUD-BOVY. — *La Meidje et les Escrins*, avec repro-
duction en couleurs de l'œuvre de HAREUX comprenant
en tout 75 illustrations, dont 50 dans le texte et 25 hors-
texte. Prix de souscription . . . . » **60.**—

*Ouvrage tiré sur papier teinté, encadré de filets, format in-4°. — Une reliure
de luxe du prix de 20 francs sera faite pour les souscripteurs qui en feront la
demande. — Il sera tiré au nom des souscripteurs quelques exemplaires d'amateur,
donnant en plus une suite de gravures avant la lettre. Prix : Fr. 100.— (Ces exemplaires seront numérotés).*

www.ingramcontent.com/pod-product-compliance
Lightning Source LLC
Chambersburg PA
CBHW051735090426
42738CB00010B/2272